조급한 부모가 아이 뇌를 망친다

일러두기
이 책에 등장하는 사례들에 사용된 이름은 가명으로, 개인 정보가 드러나지 않도록 일부 내용을 재구성했습니다. 이 책의 모든 사례는 직접 취재하거나 전문가들을 통해 이루어진 조사임을 밝혀둡니다.

조급한 부모가
아이 뇌를 망친다

• 뇌과학이 알려준 아이에 대한 새로운 생각 •

신성욱 지음

어크로스

--- 차례 ---

- **서문 :** 나는 딸에게 좋은 아빠일까   6

PART 1
아이의 역습 : 우리 아이, 정말 괜찮은 걸까

- chapter 1 • 똑똑하다고 생각했는데, 자폐라니! — 15
- chapter 2 • 세 살 인생 은서의 하루 — 24
- chapter 3 • 사이코패스의 뇌, 어떤 영어 영재의 뇌 — 32
- chapter 4 • 사라져버린 공감 능력의 비밀 — 44
- chapter 5 • 영재라서 그래요 — 51
- chapter 6 • 중독 시대 : 스마트폰과 아이의 뇌 — 58
- chapter 7 • 아이는 전사가 아니다 — 69
- chapter 8 • 우리는 지금 초비상입니다 — 75
- chapter 9 • 뇌가 망가진 아이들의 폭력 사회 — 83

PART 2
잘못된 믿음 : 아이들의 뇌를 두고 벌어진 일

- chapter 10 • 뇌에 대한 오래된 신화, 아이를 망치다 — 93
- chapter 11 • 3세 신화의 기원 — 99
- chapter 12 • 아이 한 명, 여섯 개의 지갑 — 104
- chapter 13 • 시장이 삼켜버린 아이들의 뇌 — 111
- chapter 14 • 우뇌를 팝니다 — 116
- chapter 15 • 누가 뇌 시장을 지배하는가 — 122
- chapter 16 • 지킬 박사의 뇌와 하이드 씨의 뇌 — 130
- chapter 17 • 태아 때부터 시작되는 스펙 경쟁 — 136
- chapter 18 • 시냅스에 대한 오해와 진실 — 144

PART 3

믿는 만큼 자라는 뇌 : 뇌과학으로 아이에게 다가서는 법

- chapter 19 · 인간의 아이라는 특별한 존재 — 157
- chapter 20 · 책만 읽다가 병드는 아이들 — 161
- chapter 21 · 무엇이든 될 수 있는 아이들의 잠재력 — 167
- chapter 22 · 아이의 뇌에는 글자가 잘 들어가지 않는다 — 172
- chapter 23 · 스트레스, 아이 뇌의 천적 — 177
- chapter 24 · 매직 파워, 놀이가 뇌를 만든다 — 184
- chapter 25 · 잘 노는 아이가 뇌도 잘 자란다 — 194
- chapter 26 · 영어, 언제부터 가르쳐야 할까 — 199

PART 4

놀라운 아이 : 아이에 대한 새로운 생각

- chapter 27 · 모든 아기는 과연 언어의 천재로 태어날까 — 209
- chapter 28 · IQ가 높으면 행복할까 : 다중지능 이론의 발견 — 216
- chapter 29 · 마음이 자라는 시간 : 감정의 뇌에 주목하라 — 223
- chapter 30 · 사람의 뇌는 하늘보다 넓다 — 229
- chapter 31 · 응시, 뇌를 조각하다 — 234
- chapter 32 · 뇌는 이야기를 좋아한다 — 241
- chapter 33 · 나 아닌 다른 존재의 마음 — 249

- 후기 : 아이들에게 가장 중요한 것 254
- 주석 257

서문

나는 딸에게 좋은 아빠일까

　나는 교육자도 아니고 뇌과학자도 아니다. 그럼에도 불구하고 아이에 관한 책을 쓰겠다고 감히 용기를 부린 이유가 있다. 올해 일곱 살이 된 딸내미 준희 때문이다. 나는 마흔셋 늦은 나이에 아빠가 됐다. 결혼 1년 만에 아내가 임신을 해서 출산을 앞두고 있던 그 무렵 나는 여전히 15년 넘게 계속해온 다큐멘터리 작업 중이었다. 기획, 아이템 선정, 해외 출장, 편집 작업 등은 잦은 밤샘과 외박을 요구한다. 의도와는 상관없이 남편과 아빠의 자리는 빈자리일 경우가 많았다.

　점점 커지는 아내의 배를 어루만지고 지켜보면서 '나는 과연 좋은 아빠가 될 수 있을까'라는 두려움이 밀려오기 시작했다. 출산 예정일이 다가오자 아내의 배는 정말 남산만큼 커졌다. 나의 두려움과 불안은 진짜 남산보다 몇 배나 커졌다. 열심히 일해서 가족을 먹여 살리고 사회적 성취를 이루면 가장의 역할을 다하는 것이라고 막연하게 생각했었다. 하지만 중년의 나이에 아이를 잘 키워야 한다는, 지금껏 한 번도 경험하지 못했던 새로운 책임과 직면하면서 두려움과 불안은 더욱 커졌다. 2008년 아이가 태어날 무렵 나는 개인적인 궁금증을 직업적 관심과 연결시켰다. 2009년 방송된 KBS 특집 2부작 〈읽기혁명〉과 이를 책으로 엮은 《뇌가 좋은 아이》가 그 결과물이었다.

2010년 책이 출간된 이후 강연 요청이 들어오기 시작했고 그 후 지금까지 약 400회에 걸쳐 전국의 학부모, 교사, 아이들을 만나고 있다. 처음엔 강연에서 〈읽기혁명〉과 《뇌가 좋은 아이》에 담긴 내용을 자세하게 소개했지만 강연 횟수가 늘고 점점 많은 학부모와 교사를 만나게 되면서 아이의 뇌 발달과 아이라는 존재에 대한 궁금증이 더욱 커졌다. 이는 뒤늦게 카이스트 과학저널리즘대학원에 진학하는 계기가 되었다. 다행히도 2년 반 동안 공부하고 논문을 쓰면서 아이와 아이의 뇌에 대한 책과 논문 등을 살필 수 있게 되었다.

가끔 다큐멘터리 작가, PD로 살다가 어떻게 아이에 관한 강연을 하게 됐냐는 질문을 받곤 한다. 그러면 나는 이렇게 대답한다.

"딸내미 때문에 제 인생이 꼬였답니다."

물론 농담이다. 하지만 지금은 다큐멘터리 제작보다 오히려 글쓰기와 강연이 직업처럼 되었으니 내 삶에서 딸의 등장은 터닝 포인트임에 틀림없다. 지금도 매일 새벽마다 '나는 과연 딸에게 좋은 아빠인가'라는 질문을 던지곤 한다. 나의 딸은 나의 딸이기 이전에 하나의 인간, 하나의 생명체다. 마흔셋 늦은 나이에 이뤄진 딸과의 만남은 나와 아내의 의도와 의지만으로는 설명되지 않는 신비로운 사건이었다. 딸내미를 위한다면서 교육이라는 이름으로 내가 선택한 것들은 과연 옳을까. 좋은 아빠가 되기 위한 질문과 탐색과 실천과 반성은 늘 부족하고 안타깝고 때로는 서글프다.

나는 이 책에서 아이들의 똑똑하고 건강한 성장을 위협하는 비극적인 현실을 지적하면서 그런 현실의 토대가 되는 잘못된 믿음들, 이를테면 3세 신화로 대표되는 거대한 뇌의 신화에 도전장을 내밀었다. 그리고 지난 30여 년간 크게 발전한 뇌과학이 알려준, 아이에 대한 새로운 생각들을 소개하고자 노력했다. 부디 이 책이 좋은 부모가 되기를 열망하는 많은 분들께 그리고 함께 고민하고 이야기하고 대안을 찾는 분들께 작은 도움이나마 되기를 간절히 바란다. 나 또한 그 대열에 속한 수많은 아빠 중에 하나라는 사실을 잊지 않겠다.

본격적으로 이야기를 시작하기 전에 이 책의 내용을 간단하게 소개하고자 한다. 목차와는 상관없이 관심 있는 부분을 먼저 읽어도 된다.

1부 '아이의 역습'에는 다양한 아이들이 등장한다. 우리 주변에서 흔히 볼 수 있는 평범한 아이들이다. 그런데 이 아이들에게는 공통점이 있다. 뇌 발달에 문제가 생겼거나 문제의 징후가 발견되었다는 점이다. 다시 한 번 말하지만 특수한 상황에서 자라는 아이들의 이야기가 아니다. 이 나라 보통 아이들의 이야기다.

2부 '잘못된 믿음'에서는 3세 신화와 우뇌 신화를 비롯한 뇌에 관한 신화가 어떻게 상식으로 자리 잡게 되었는지를 추적했다. 아이의 뇌에 관한 잘못된 믿음들이 교육 상품으로 둔갑하고 과도한 조기교육으로 이어지면서 오히려 아이의 건강한 뇌 발달을 해치고 있다는 사실을 직시해야 한다.

3부 '믿는 만큼 자라는 뇌'는 최신 뇌과학의 성과를 바탕으로 건강하고 똑똑한 뇌 발달을 위한 원칙들을 제시했다. 문자 학습 등 인지 교육의 시기와 방법, 올바른 독서 교육, 스트레스의 맥락과 놀이의 중요성 등에 대해 최근의 뇌과학이 알려준 사실들을 근거로 소개했다. 이를 SBE, 즉 '과학적 근거에 기반을 둔 교육(science based education)'이라고 부른다.

4부 '놀라운 아이'는 현대 뇌과학이 발견한 인간의 방식, 즉 휴먼 스킬(human skill) 중에서 아이의 뇌 발달과 관련해 특히 중요한 내용들을 소개한다. 인간의 아이는 인간이 될 준비를 하고 이 세상에 태어나는 유일한 존재다. 인간의 방식을 경험하고 배우고 익히는 기나긴 과정에서 인간 아이의 뇌는 서서히 인간의 뇌로 변모해간다.

본문에도 언급한 미국 국립정신보건원 제이 기드 박사의 권고를 한 번 더 소개하고 싶다.

"모든 과학적 진보에도 불구하고 우리 같은 뇌 연구자들이 드릴 수 있는 가장 좋은 조언은 우리 할머니들이 수세대 전부터 들려주셨던 말씀입니다. '아이에게 사랑을 베풀어라, 아이들과 함께 좋은 시간을 보내라.' 어떤 분들은 실망하기도 하더군요. 하지만 저는 미디어에 등장하는 과학적 근거가 없고 앞뒤도 맞지 않는 기사들보다는 그게 훨씬 낫다고 생각합니다."

이 책에서 구체적인 대안을 말씀드리지 않은 점은 송구스럽다. 나름의 이유가 있다. 자녀 교육은 결코 자기계발의 수단이 아니다. 자녀 교육은 아이를 건강한 사람, 건강한 생명체로 기르는 일이다. 세상의 모든 아이는 제 각각 고유한 생명체이므로 누구에게나 적용 가능한 몇 가지 방법으로 아이들의 자라는 마음, 정신, 영혼을 가두어서는 안 된다고 생각한다. 진짜 대안은 누군가 교조적으로 제시하는 것이 아니라 여럿이 함께 고민하고 이야기하는 과정에서 얻어지는 것이라고 믿기 때문이다.

원래 이 책은 지난해 가을에 내기로 했었다. 나의 게으름과 미숙함으로 예정보다 1년이나 늦어졌다. 참고 기다리다 마침내 귀한 출판의 기회를 허락해주신 어크로스 출판사의 김형보 대표님과 김류미 에디터님께 죄송하고 감사하다.

지난 4년여 많은 분들에게 큰 가르침을 받았다. 특히 수많은 강연회에서 만났던 학부모님들과 교사들과 아이들은 내게 청중인 동시에 스승이었다. 강연자는 나였지만 그분들이 내게 가르쳐준 것이 더 많다. 좋은 아빠가 되기 위한 질문과 탐색과 성찰의 방향은 온전히 그분들에게서 영감을 받은 것이다. 전국의 어린이 도서관, 북스타트 코리아, 책날개(중·고생을 위한 북스타트 운동) 등 독서 운동의 현장에서 만난 자원봉사자 분들 역시 한결같은 나의 스승이시다. 그분들을 뵐 때마다 입만 나부대는 내가 얼마나 부끄러웠는지 모른다. 난데없는 질문과 인터뷰 요청을 마다하지 않고 가르침, 조언, 격려, 자료를 제공해주신 전국의 교육청과 학교는 물론이고 '기적의 도서관' 같은 어린이 전문 도서관,

아동발달과 소아정신과 분야의 많은 전문가 선생님들께도 머리 숙여 감사의 인사를 드린다.

　내가 무엇을 하든 늘 내 곁을 든든하게 지켜주는 아내 노정아와 맑은 눈빛 하나만으로도 내가 아빠라는 사실을 늘 일깨워주는 딸 준희에게 고맙다는 말을 전하고 싶다.

2014년 6월　신성욱

• PART 1 •

아이의 역습
• 우리 아이, 정말 괜찮은 걸까 •

chapter 1

똑똑하다고 생각했는데, 자폐라니!

지금부터 세 명의 아이를 소개하려고 한다. 이 아이들이 보이는 특징을 자신의 아이 혹은 주변의 아이들과 비교해서 읽어주시기 바란다. 아이들의 이름은 모두 가명이다.

올해 학교에 들어간 민수는 만 한 살 때 처음으로 단어를 말하기 시작했다. 세 살 때부터는 글자를 읽었고 자기가 본 비디오를 송두리째 외우고 다녀서 엄마, 아빠는 물론이고 주변의 어른들을 놀라게 했다. 네 살이 되면서는 글자를 쓰기 시작했다. 민수는 특히 기억력이 뛰어나서 네 살 때부터는 50권이 넘는 전집 그림책 중에서 자기가 원하는 책을 정확하게 찾아냈다. 다섯 살부터는 디즈니에서 제작한 비디오를 보고 혼자 영어를 익히면서 간단한 영어 문장으로 회화도 할 수 있었다. 민수의 인지 발달은 또래에 비해 꽤 뛰어난 편이다.

진우(만 4세)는 두 살 때 숫자를 익히기 시작했고 어느 순간 스스로 읽기를 시작해서 현재 글자와 숫자를 모두 읽고 쓴다. 진우는 특히 숫자를 아주 잘 알아본다. 달력의 숫자를 정확하게 읽어낼 뿐만 아니라 "○월 ○일 ○요일입니다"라는 문장을 정확하게 말할 수 있어서 엄마, 아빠를 매우 기쁘게 한다. 자동차 번호판 읽기에도 푹 빠져서 한 시간이 넘도록 지겨워하지도 않고 계속할 때도 있다. 진우는 기억력도 매우 뛰어나다. 자기가 시청한 비디오의 내용을 완전히 복사하듯이 외울 뿐만 아니라 기억나는 장면을 그대로 따라 한다. 또 많은 노래를 정확하게 따라 불러 어른들의 귀여움을 독차지하곤 한다.

은서(만 3세)는 숫자, 한글, 영어에 뛰어난 능력을 보이는 아이다. 두 살 때부터 글자에 관심을 보이기 시작하더니 혼자서 한글을 깨우쳤다. 은서는 동요를 듣고 외워서 따라 부르곤 하는데 엄마, 아빠는 생후 5개월 무렵부터 하루에 3~4시간씩 보여준 교육용 비디오와 만화 채널 등의 효과라고 믿고 있다. 만 두 살 이후부터는 광고 문구를 몽땅 외우고 다녔고 지금도 글자 쓰기 놀이를 가장 좋아한다. 하루 종일 이 놀이를 반복해서 할 때도 많다.

여기 소개한 세 명의 아이들에게는 공통점이 있다. 무엇일까? 놀라지 마시라. 이 아이들은 모두 자폐 진단을 받았다.[1] 정확하게는 자폐 증상의 하나인 과잉언어증 또는 광범위성 발달장애 진단을 받았다.

> **과잉언어증**(hyperlexia) : 문자를 읽는 능력은 발달했지만 이를 이해하지 못하는 증상으로 2세에서 5세에 많이 나타난다. 또래와 어울리지 못하고 혼자서 책을 읽거나 사람들에게 관심을 보이지 않는 등 사회성 결여를 보이며, 한 가지 측면이나 세밀한 것에만 집중하는 경향이 있다.
>
> **광범위성 발달 장애**(pervasive developmental disorder, PDD) : 아동기 발달 장애의 한 부류로 사회적 상호작용과 의사소통 기술 등 발달의 여러 분야에서 광범위한 장애를 보이는 것을 말한다. 선천적 또는 발육 과정 중 생긴 대뇌 손상으로 인해 지능 및 운동 발달 장애, 언어 발달 장애, 시각, 청각 등의 특수감각 기능 장애, 학습 장애 등으로 나타난다.

후천성 자폐아가 된 아이들

부모들에게는 꿈과 같은 이야기다. 가르치지 않았는데도 글자와 숫자를 스스로 익히고 뛰어난 기억력으로 비디오나 책의 내용을 줄줄이 외울 뿐만 아니라 노래를 정확히 외워 부르고 영어를 구사하기도 한다. 이런 아이들이 있으면 주변 사람들은 똑똑한 아이라고 생각하고 부모들은 혹시나 영재가 아닐까 한 번쯤 생각하게 된다. 그런데 실제로는 이 아이들 모두 공통된 증상을 보이고 있었다.

가장 먼저 소개된 민수의 경우 1년 전에 자폐라는 진단을 받았다. 민수는 평소 지나치게 책에 몰두해서 친구가 없고 혼자 놀기만을 좋아한다. 또 의사소통에도 문제가 있어서 자신의 생각을 제대로 전달하지 못하고 엉뚱한 소리를 자주 한다. 집중을 잘하지 못하고 주의도 산만하다. 또한 글자를 잘 읽기는 하지만 언어 이해력은 또래보다 저조한 것으로 나타났다.

진우 역시 혼자서 숫자와 글자를 익힌 똑똑한 아이였음에도 자폐 진단을 받았다. 특히 진우는 언어 표현이 자연스럽지 못해서 누구와 있든 혼잣말처럼 중얼거리는 증상이 있었다. 부모와는 물론이고 주변 사람들과도 의사소통이 자연스럽지 못한 것이다.

은서의 경우 가장 큰 문제는 엄마의 요구에 별로 반응이 없다는 점이다. 부모의 말에 무표정하며 사람들과 눈도 맞추지 않는다. 또 스스로 먼저 말을 건네는 경우가 거의 없이 혼잣말을 중얼거리거나 혼자 노래하는 등의 행동을 자주 보인다. 언어 발달과 인지 발달은 빨랐을지 몰라도 다른 부분은 또래들에 비해 불안정한 모습을 보이는 것이다.

다시 한 번 말하지만 이 세 아이는 흔히 똑똑한 아이로 여겨질 뿐만 아니라 영재성조차 기대되는 아이들이었다. 많은 부모들은 가르치지 않았는데도 혼자 한글과 숫자를 익히고 게다가 영어까지 구사하는 아이를 선망하지 않을 수 없다. 많은 경우 부모들은 유아들이 글자와 숫자를 잘 읽고 기억력이 좋다는 점에만 주목한다. 그리고 아이가 눈 맞춤에 서툴고 표정이 별로 없으며 친구들과 잘 어울리지 못한다는 사실은 간과해버린다. 결과적으로 '내 아이가 영재성이 있다 보니 조금은 유별난 구석이 있지'라는 식으로 넘어가는 것이다. 문제는 바로 이 지점에서 시작된다.

세 아이는 선천적인 자폐아가 아니다. 선천적인 자폐아 중에는 잘 알려진 서번트 증후군처럼 그림이나 음악 등의 특정 영역에서 뛰어난 능력을 보이는 경우가 있다. 하이퍼렉시아(과잉언어증)도 원래는 선천적인 자폐아들이 보이는 서번

> **서번트 증후군**(savant syndrome): 자폐증 등의 뇌 기능 장애를 갖고 있으면서 비장애인과는 다른 천재성을 동시에 갖는 현상을 말한다.

트 증후군의 일종이다.[2] 그런데 여기 소개한 아이들은 선천적인 자폐아가 아님에도 자폐아들이 보이는 증상을 보이고 있다. 이런 경우 후천성 자폐, 유사 자폐, 자폐 성향 등으로 진단이 나온다.

기계적으로 읽기만 하다, 하이퍼렉시아

하이퍼렉시아는 우리에게는 아직 생소한 질병이다. 간단히 설명하면 의미를 전혀 모르면서 한글이나 영어를 기계적으로 발음하는 것으로 과거에는 자폐아들이 보이는 여러 증상 가운데 하나로 분류되었지만 최근에는 뇌가 성숙되지 않은 아이들에게 한글이나 영어 등 문자나 숫자를 조건반사 식으로 가르치는 인지 중심의 과도한 조기교육에 따른 유아 정신 질환으로 보는 주장이 힘을 얻고 있다.[3] 이미 우리 주변에는 하이퍼렉시아가 의심되는 아이들이 적지 않다. 흔히 이런 아이들은 어린 나이에도 불구하고 책을 아주 잘 읽고 또 나이에 걸맞지 않게 어려운 책도 곧잘 읽어내기 때문에 영재로 여겨지기 쉽다. 하지만 이른바 '독서 영재'로 보이는 아이들 가운데 상당수는 하이퍼렉시아의 가능성을 가지고 있다.

흔히 자폐 진단을 받는 아이들 중에 상당수가 선천적인 자폐아가 아니라 후천성 혹은 유사 자폐라고 알려져 있다. 하지만 소아정신의학계에서는 선천성 자폐와 후천성 자폐를 구별할 뚜렷한 진단 기법이 아직 미흡하다는 점을 지적한다. 그래서 후천성 자폐와 선천성 자폐가 구별되지 않고 모두 자폐아로 진단되는 실정이다. 우리나라에서는 후천성 자폐, 유사 자폐의 경우 그 원인으로 문자 중심의 과도한 독서, 때 이른 숫자와 외국어 교육 등 인지 학습 위주의 과잉 조기교육이 지적되고 있다.

한 소아정신과 전문의가 1500여 명의 어린이 환자들을 대상으로 실시한 국내 임상 연구에 의하면 부모가 자폐아라고 생각한 아이들 7명 중 1명 정도만이 선천적 자폐아였고 나머지 6명은 실제로 모두 하이퍼렉시아, 즉 과잉언어증 등 후천성 자폐로 분류되었다. 하이퍼렉시아를 앓고 있는 아이들의 전형적인 증상이 바로 앞에 소개한 세 아이들처럼 많은 단어나 문장은 능숙하게 읽어내면서도 다른 사람과 대화하는 능력은 충분히 갖추지 못하고 있다는 점이다.[4]

그런데 이 임상 연구도 하이퍼렉시아의 원인은 과도한 조기교육, 문자 교육이라고 지적하고 있다. 흥미롭게도 유럽과 미국 등 서구에서는 하이퍼렉시아가 주로 3세 이전에 나타나고 그 원인은 주로 부모의 무관심이었다. 더불어 언어 발달 장애, 사회성 발달 장애, 사물에 대한 과도한 집착 등의 증상이 함께 나타나는 것으로 보고되었다. 우리나라의 경우에도 3세 이전의 영·유아에게서 이 증상이 주로 발견되지만,

반대로 극성인 부모와 과도한 조기교육이 그 원인으로 지목된다는 점이 다르다.

최근의 연구에서도 이런 사실이 다시 한 번 확인되었다. 한국건강증진재단은 2012년 경기도 광명시에 거주하는 78개월 미만 어린이 530여 명을 대상으로 정신 건강 실태 조사를 실시했다. 조사 결과는 충격적이다. 10명 중에 3명이 고위험 수준의 언어 발달 장애, 정서 발달 장애, 사회성 발달 장애 그리고 자폐 증상을 보였고 이 연구팀 역시 문자와 숫자 중심의 과도한 조기교육을 원인으로 지적했다.[5]

조사 결과가 담긴 〈한국 영·유아 정신 건강 증진을 위한 실태 조사 및 서비스 요구도 연구〉라는 보고서는 사회성과 정서 발달에 문제를 보이는 영·유아가 크게 증가하고 있다는 사실에 주목한다. 물론 원인은 한 가지로 규정할 수 없을 정도로 복잡하다. 보고서에는 저출산과 핵가족화, IMF 외환위기 이후 우리 사회의 급격한 변화, 크게 늘고 있는 이혼·재혼·다문화 가정 같은 가족 구조의 변화, 지나친 영·유아 조기교육 열풍 등을 원인으로 언급한다. 이를 다시 정리하면 아이들이 겪는 스트레스가 과거에 비해 크게 늘었다고 결론 내릴 수 있을 것이다.

특정 지역에 한정된 조사라는 한계를 가지고 있지만 10명 중 3명의 아이에게 정신 건강상의 문제, 즉 뇌 발달의 이상이 발견되었다는 사실은 매우 의미심장하다. 이 조사를 서울 수도권 또는 전국 단위로 확대한다면 어떤 결과가 나올까.

암 사망률과 아이들의 정신 건강

과도한 조기교육에 따르는 학습 스트레스가 아이들의 정신 건강, 건강한 뇌 발달을 위협한다는 주장은 더 이상 새로운 것이 아니다. 조기교육이 아이들의 정신 건강에 미치는 영향은 이미 많은 연구를 통해 밝혀졌다. 조기교육 열풍이 심해질수록 아이들의 정신 건강, 즉 뇌 건강은 악화된다는 것이다. 한마디로 부모들이 아이들의 뇌를 망치고 있다.

우리는 흔히 어린이집, 유치원에도 다니지 않는 어린아이가 글을 잘 읽거나 책을 많이 보면 똑똑한 아이라고 여긴다. 요즘은 영어 교육 열풍도 거세다. 일부 방송이나 언론에서는 이런 아이들을 신동이나 영재라고 부르면서 부모의 특별한 양육 방식과 교육 비법을 인터뷰해 방송 프로그램, 신문 기사, 책 등으로 소개하기도 한다.

그러니 과도한 조기교육이 아이들의 정신 건강, 뇌 건강을 해친다는 수많은 과학적인 연구 결과가 무색해진다. 너무 이른 시기에 문자나 숫자 등의 조기교육을 받은 아이들은 영재이기는커녕 심하면 하이퍼렉시아, 후천성 자폐 등의 위험에 노출된다. 부모들은 자신의 어린 자녀가 과도하게 문자, 숫자, 책, 특정 사물에 집착하지는 않는지, 친구와의 놀이나 다른 사람과의 눈 맞춤 등 소통에 문제가 있지는 않은지, 표정이 없지는 않은지를 잘 살펴봐야 한다. 그래야만 뇌 발달에 문제가 생긴 아이를 영재라고 착각하는 오류를 범하지 않을 수 있다.

아울러 이 모든 것이 가정만의 문제가 아니라는 점도 지적하고 싶다. '10명 중에 3명이 뇌 발달 이상'이라는, 경기도 광명시 어린이들을 대상으로 한 정신 건강 실태 조사 결과는 우리나라의 암 사망률 수치와 정확하게 일치한다. 2011년 보건복지부가 발표한 통계에 의하면 우리 국민 10명 중에 2.76명이 암으로 사망한다. 우리는 아이들이야말로 우리의 미래라고 입이 닳도록 말한다. 그런데 10명 중 3명의 아이들이 정신 건강에 심각한 문제가 있다면 우리의 미래에 대한 확실한 경고가 아닌가. 암 발병률을 떨어뜨리고 예방과 치료율을 높이기 위해 국가는 많은 예산과 인력을 투입하고 있다. 그렇다면 우리의 미래인 아이들의 정신 건강을 위해서는 무엇을 하고 있는가.

chapter 2

세 살 인생
은서의 하루

　　　　　　서울 근교의 신도시에 사는 은서는 40개월 된 여자 아이다. 만으로 세 살, 우리 나이로는 네 살이다. 은서의 하루는 아침 7시에 시작된다. 늘 잠이 부족하지만 어린이집에 늦지 않으려면 7시에는 일어나야 한다. 간단하게 아침 식사를 하면 꽃단장이 시작된다. 만 세 살이 지나면서 은서는 머리핀, 옷차림, 신발 등에도 조금씩 관심을 보이기 시작했다. 그전에는 엄마가 골라주는 대로 입었지만 요즘은 자기가 직접 고르겠다고 똥고집을 부려서 아침 시간 마음이 급한 엄마와 한바탕 실랑이를 벌이는 경우가 많아졌다.
　　어린이집 버스를 타는 시간은 8시 반. 대개 9시 반부터 어린이집의 하루 일정이 시작된다. 오전에는 주로 영어 연극, 한글 놀이, 숫자 놀이 등 인지 학습과 관련된 프로그램이 진행된다. 점심을 먹고 낮잠을 잔 뒤에는 오후 프로그램이 기다리고 있다. 이때는 주로 EQ 등 감성 발달과 관련된 프로그램이 진행된다. 은서가 다니는 어린이집에는 '생각하는 방'이 있다. 부산을 떨거나 다른 친구에게 방해가 된다 싶으면 선생님은 아이에게 "생각하는 방에 다녀와!"라고 말하곤 한다. 잠깐 아이들을 진정시키는 방법인데 요즘 은서는 2, 3일에 한 번씩 '생각하는 방'에 다녀오곤 한다. 엄마한테는 "생각하는 방에 가라고 해서 갔는데, 무슨 생각을 해야 할지 모르겠어"라고 말한다. 엄마는 좀 힘든 모양이라고 생각하고 있다.

> **EQ**(emotional quotient): 감성지수 또는 감정적 지능지수라고도 하며, 자신과 다른 사람의 감정을 이해하는 능력과 감정을 통제할 줄 아는 능력을 의미한다. 교육학자들은 친구들과 잘 어울리지 못하는 아이가 학교를 중퇴할 확률은 평균보다 8배가 높다는 사실을 들며, 유아기부터 EQ를 키우는 감정 교육을 실시하도록 권고하고 있다.

3시 반 어린이집에서 하원한 은서는 곧바로 학원으로 향한다. 석 달 전부터 대형 마트의 문화 센터에 마련된 발레 스쿨에 다니기 시작했다. 은서가 제일 좋아하는 시간이다. 5시쯤 집에 돌아오면 저녁 식사 전까지 혼자 TV를 본다. 엄마는 음식 준비를 하는 동안 영·유아 교육용 비디오를 보여준다. 은서가 갓난쟁이였을 때부터 시작된 오래된 습관이다. 은서는 이 시간도 아주 좋아한다.

저녁 식사를 마친 뒤에는 엄마와 함께 학습지를 놓고 공부한다. 가끔은 일찍 귀가한 아빠와 공부하기도 하지만 그런 날은 한 달에 서너 번도 안 된다. 엄마는 우선 한글과 영어 두 가지를 선택했는데 교재는 유명한 교육기업에서 펴낸 것을 골랐다. 같은 어린이집에 다니는 다른 엄마들의 추천과 동네 또래 엄마들의 입소문을 참고했다. 이 시간은 은서가 가장 싫어하는 시간이다. 가끔은 소리를 지르거나 연필을 집어 던지는 등 짜증을 부려서 엄마에게 혼나기도 한다. 학습지 공부를 마치고 은서가 잠자리에 드는 시간은 대개 10시 무렵이다. 엄마는 잠들기 전 30분 정도 책을 읽어준다. 은서는 요즘 제 키만큼 커다란, 하얀 털이 복슬복슬하고 핑크색 옷을 입은 양 인형을 꼭 끌어안고 잠이 든다. 인형이 없으면 울고불고 난리가 난다.

태어나자마자 학생으로 살다

세 살배기 은서의 하루를 보고 어떤 느낌이 드는가. 사실 은서의 하루는 특별하거나 유별날 것이 없는 그야말로 이 나라 보통 세 살 아이의 하루다. 다만 엄마가 한 달 수업료 80만 원이 넘는 영어 유치원에 아이를 보내지 못하는 것을 안타까워한다는 점만 제외하면.

  은서는 다른 아이들이 그렇듯 주로 학습과 관련된 놀이를 하면서 대부분의 시간을 보낸다. 오전과 오후로 나뉘어 하루에 두 번씩 어린이집에서 4시간 정도 놀이로 된 학습을 하며, 늦은 오후 발레를 마치고 집에 돌아와 교육용 비디오를 보고 학습지를 공부하면서 2시간 정도를 보낸다. 모두 합하면 하루에 6시간 정도를 주로 인지 학습과 관련된 이른바 공부를 하는 셈이다.

세 살배기 은서는 이미 학생으로 살고 있다. 아주 빠듯한 하루다. 은서를 비롯한 이 나라 대다수 아이들의 하루가 이렇게 빡빡하게 돌아가는 이유는 아주 간단하다. 모두 그렇게 하기 때문이다. 너무나 당연하다고 여긴 나머지 그렇게 하지 않으면 오히려 이상하게 보일 정도가 되었다.

하지만 우리나라의 아이들이 이렇게 빡빡한 '세 살 인생'을 살게 된 것은 그리 오래된 일이 아니다. 언제부터 무슨 이유로 세 살배기 아이들이 학생으로 살아가게 되었을까. 그리고 세 살배기 아이들이 학생으로 사는 것은 좋은 일일까. 세 살 꼬맹이 '은서들'의 인생은 낡은 신화의 비극적 재현이다. 이 비극에는 욕망이라는 거대한 뿌리가 있다. 여기에 일부 과학자들, 교육 관료들, 교육산업 종사자들, 미디어 그리고 부모가 가세했다.

몇 년 전 교육인적자원부의 주도로 실시된 설문조사에서 '몇 살부터 교육을 시작해야 하는가?'라는 질문에 대해 85퍼센트의 부모들이 '아이의 뇌가 완성되는 5세 이전에 교육을 시작해야 한다.'고 응답했다.[6] 5세 이전에 인성, 성격, 지능 등은 물론이고 뇌의 80퍼센트 이상이 완성된다는 생각은 이미 상식으로 자리 잡고 있다. 이는 우리나라뿐만 아니라 서구에서도 공통적으로 발견되는 현상이다.

선진국들이 주로 가입되어 있는 OECD(경제협력개발기구)는 지난 2007년 〈뇌의 이해 : 학습 과학의 탄생(Understanding the Brain: The Birth of a Learning Science)〉이라는 보고서를 발표해 회원국들의 교육 개혁을 위한 가이드라인을 제시했다. 이 방대한 보고서는 뇌과학(neuroscience)의 진전과 함께 인간의 뇌 발달에 대해 새롭게 알려진 중요한 논점들을 제시하고 있다. 특히 부모들 사이에서 상식처럼 자리 잡고 있는 오래된 가설들을 비판적으로 지적하고 있는데, 대표적인 것이 바로 '뇌의 대부분은 3세 무렵에 완성된다'는 가설이다. 한마디로 정리하면 '그렇지 않다'라는 것이 OECD 교육 개혁 보고서의 결론이다.[7]

뇌 발달의 싹을 틔워라

사실 뇌의 성장 전략은 농사의 '씨 뿌리기'와 '솎아내기'와 같다. 이른 봄이 되면 농부는 씨를 뿌린다. 이때 뿌리는 씨앗의 양은 수확량보다 몇 배나 많다. 그리고 싹이 트면 농부는 그중에서 튼튼하고 실한 놈만 남기고 나머지는 솎아낸다. 이런 식으로 싹을 틔운 녀석들 중에서 잘 자란 녀석들을 다시 골라내 모종으로 만든 다음 땅에 '아주 심기'를 한다. 이 모종들은 비와 바람과 공기와 햇빛, 별빛과 달빛, 모진 태풍과 찬 이슬, 눈에는 보이지 않는 흙 속의 미생물, 잎과 줄기를 갉아먹는 벌레들과 함께 어울려 성장해간다.

단 한순간도 멈춤 없이 계속되는 계절의 변화, 환경의 변화를 잘 겪어낸 녀석들은 비로소 가을이 되어 열매를 맺는다. 농부가 이른 봄에 많은 씨앗을 뿌리고 그 씨앗이 모두 싹을 틔웠다고 해서 한 해 농사가 다 이뤄졌다고 말하는 사람은 없다. 이는 농사의 시작일 뿐이다.

3세 무렵에 인간의 뇌의 80퍼센트 이상이 완성된다는 신화는 농사가 시작되는 무렵 씨앗이 싹을 틔운 것을 보고 한 해 농사가 다 이뤄졌다고 말하는 것과 다르지 않다. 3세 신화를 철석같이 믿는 사람들은 아직도 이렇게 말한다. "3세 무렵에 인간의 뇌는 거의 완성된다"고.

　인간의 뇌는 평생을 두고 계속 발달한다. 예를 들어보자. 인간의 뇌 활동이 가장 좋아지는 나이는 과연 몇 살일까? 정답은 50대 중반이다. 은퇴를 앞둔 나이에 뇌의 성능이 좋아진다니 놀랍지 않은가. 바로 '중년의 뇌'다. 우리 사회가 50대 이상의 중년을 대하는 태도를 고려한다면 이 사실은 좀처럼 믿기 힘들다. 또 누군가의 이름이 갑자기 기억나지 않는다거나 손에 휴대전화를 든 채로 휴대전화를 찾아 이 방 저 방 돌아다녀본 중년이라면 이런 주장에 대해 피식 코웃음을 칠 수도 있겠다. 하지만 지난 3, 40년 동안 이뤄진 뇌과학의 성과들은 종종 우리의 오랜 통념을 뒤흔든다.

　몇몇 뇌과학자들은 우리가 일상적인 용어로 지혜, 통찰이라고 부르는 능력에 주목했다. 이 능력은 무엇보다 중년과 노년으로 갈수록 두드러진다. 일부 뇌과학자들은 이 연구를 더욱 발전시켜서 중년의 뇌가 더 똑똑하고, 더 침착하고, 더 행복해 하고, 더 많은 것들을 안다고 주장했다. 그리고 중년의 뇌에서 지혜와 통찰로 표현되는 과학적 증거들을 찾아냈다.[8] 한마디로 인간의 뇌는 중년은 물론 그 이후에도 계속 발달하고 변화한다.

　뇌는 생각하는 기계, 공부하는 기계가 아니다. 뇌는 한 사람의 전 생애를 통해 아주 더디게 다듬어지고 완성된다. 그가 겪은 모든 일들, 또 결코 기억할 수 없을 정도로 오래된 진화의 기록들, 그런가 하면 의식하지도 못하는 세계의 수많은 사건들이 한 인간의 뇌를 이룬다. 그러므로 인간의 뇌는 우주보다 넓고 여전히 신비롭다. 그 신비로운 생애의 문턱에 서 있는 아이들의 뇌를 어이없는 신화에 가두는 일은 이제 그만둬야 한다.

ⓒNathan Russell

부모들은 유아들이
글자와 숫자를 잘 읽고 기억력이 좋다는 점에만 주목한다.
아이가 눈 맞춤에 서툴고 표정이 별로 없으며
친구들과 잘 어울리지 못한다는 사실은 간과해버린다.
결과적으로 '내 아이가 영재성이 있다보니
조금은 유별난 구석이 있지'라고 넘어가는 것이다.

chapter 3

사이코패스의 뇌,
어떤 영어 영재의 뇌

진우(가명)는 영어 영재로 서울의 초등학교에 다니는 5학년 학생이다. 3학년 때부터 해마다 열리는 각종 영어 말하기 대회에서 1등을 거의 놓친 적이 없다. 아홉 살인 동생 승우(가명)도 영어를 잘한다. 형이 1등을 하면 같은 대회에서 2등, 3등을 차지할 정도다. 두 아이는 학교에서도 영어 영재 형제로 유명하다. 아이들의 엄마는 주변 부모에게 부러움의 대상이다. 구청에서 실시하는 학부모 교육에서 두 아이를 모두 영어 영재로 키워낸 노하우에 대해 강의한 적도 있다.

진우는 엄마 뱃속에서부터 영어를 듣고 성장했다. 학창 시절부터 영어에 관심이 많았던 엄마는 진우를 임신하자마자 영어 태교 프로그램을 구입했다. 국내 유명 출판사에서 펴낸 태교 영어 교재 세트는 유명한 동화를 영어 이야기와 노래로 꾸몄다. 엄마는 임신 기간 내내 거의 하루도 빼놓지 않고 잠자리에 들기 전에 CD에 담긴 음악과 이야기를 뱃속의 진우에게 들려줬다. 엄마 이 모씨는 임신 직후 아이의 영어 교육에 관심을 갖게 된 이유를 이렇게 설명했다.

"태아에게 영어를 들려주면 나중에 아이가 영어에 반응하는 속도가 훨씬 빠르다는 뉴스를 본 적이 있어요. 또 이런저런 육아서를 보면 영어 태교 등을 강조하고 있고요. 사실 제 주변에서 저처럼 하지 않는 엄마는 거의 없어요."

이렇게 영어 교육에 관심이 많은 엄마 덕분에 진우는 생후 18개월 무렵부터 본격적으로 영어 책들을 보기 시작했다. 엄마는 베이비 아인슈타인, 세서미 스트리트 같은 영·유아 교육용 영상물도 함께 보게 했다. 과연 진우는 영어에 반응하는 속도가 정말 빠른 듯이 보였다. 영상물은 거의 하루 종일 켜놓기도 했다. 엄마는 어차피 우리말은 늘 듣는 것이니까 최대한 많은 시간을 영어에 노출시키려고 노력했다. 엄마는 아직도 진우가 영어로 옹알이를 했을 때의 기쁨을 잊지 못한다고 말한다.

"내가 선택한 방법이 옳았구나. 점점 확신이 들기 시작했어요. 제 바람은 진우가 영어와 우리말을 동시에 구사하는 바이링구얼(bilingual, 이중 언어 구사자)로 컸으면 하는 거였어요. 어떤 책에서 보니까 36개월 이전에 영어를 익히면 언어체계가 두 개로 형성된다고 하더라고요."

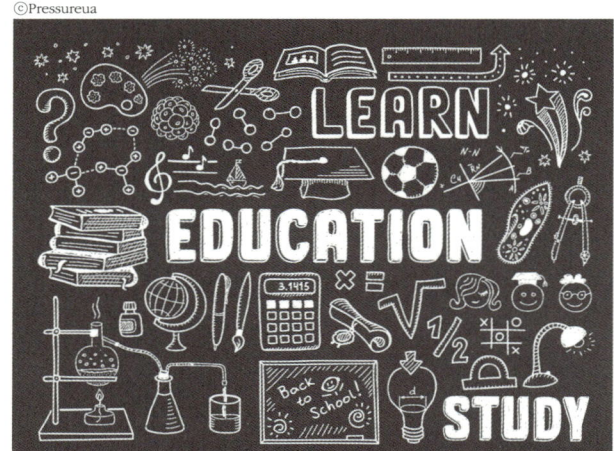

유아 교육법과 영·유아 보육법에는 영어 어린이집에 대한 규정이 따로 없다. 따라서 영어 유치원은 법적으로는 영어 학원일 뿐이다.

만 두 살이 지나면서 진우는 영어 어린이집에 다니기 시작했다. 서울 강남을 중심으로 이른바 고급 영어 어린이집이 등장한 것도 그 무렵이었다. 영어 어린이집들은 보통 영어 유치원이라고 불린다. 2014년 현재 유아 교육법과 영·유아 보육법에는 영어 어린이집에 대한 규정이 따로 없다. 따라서 영어 유치원은 법적으로는 영어 학원일 뿐이다. 실제로 영어 유치원들은 법에서 규정한 어린이집 인가를 받지 않고 영어 학원으로 등록한다. 이럴 경우 일반 어린이집과는 달리 교육비가 임의로 책정된다.

정부 인가 어린이집의 경우 교육비를 법이 정한 한도 내에서 책정하지만 영어 유치원들은 학원이기 때문에 교육 내용과 교육비 등을 임의로 정할 수 있다. 이는 영어 유치원들이 고액의 학원비를 책정하는 근거가 된다. 그러다 보니 적지 않은 수의 영어 유치원이 건물의 신축이

나 리모델링, 인테리어 비용으로 수억 원을 쓰는 경우도 있다. 과열 경쟁 상황에서 많은 아이들을 유치하려다 보니 교육 내용뿐만 아니라 겉모습도 경쟁의 요인이 된 것이다. 시설 등의 고급화 경쟁은 고액 교육비로 이어졌다. 실제로 진우가 영어 유치원에 다니기 시작할 무렵에도 한 달 교육비는 간식비 등을 포함해서 월 60만 원이 넘었다. 현재 강남과 신도시의 영어 유치원들 중에는 교육비가 월 100만 원이 넘는 곳도 수두룩하다.

엄마 뱃속에서부터 영어를 듣고 태어난 진우는 당시 꽤 유명하다는 영어 유치원에서 우리말보다 먼저 영어를 배우고 익히며 성장했다. 초등학교 3학년이 지나면서부터는 전국 영어 말하기 대회 등에 본격적으로 참여하기 시작했고, 엄마의 바람대로 거의 1등을 놓치지 않았다. 그러자 주변에서는 진우를 영어 영재라고 부르기 시작했다.

그런데 진우가 5학년이 되면서, 그러니까 만 11세가 되면서 예상치 못했던 문제가 발생했다. 무척이나 얌전하고 착실한 아이로 선생님들의 귀여움을 받았던 진우가 부쩍 학교생활에 대한 불편함을 토로하기 시작한 것이다. 아이들과 다투는 일이 잦아졌을 뿐만 아니라 친구들이 옆에 오는 것을 꺼리는 외톨이 증상까지 나타났다. 선생님이 나무라면 교실을 뛰쳐나가는 일도 생겼다. 부모는 학년이 올라가면서 학습 부담이 과중해진 탓이라며 대수롭지 않게 생각했다. 하지만 시간이 지날수록 진우의 증세는 점점 심해졌고 마침내는 무엇에도 관심을 보이지 않는 무기력 증상까지 나타났다.

ADHD(attention deficit hyperactivity disorder): 주의가 산만하고 과다 활동, 충동성과 학습 장애를 보이는 소아청소년기의 정신과적 장애다. 특히 남자아이에게 많이 발생하고 성장하면서 줄어드는 것으로 알려져 있지만 성인이 되고 나서도 이 장애가 있는 사람도 많은 편이다.

PET(positron emission tomography): 양전자 단층 촬영이라고도 부르며 방사성 동위원소를 결합한 의약품을 체내에 주입한 후 이를 추적하여 체내 분포를 알아보는 방법이다. 암, 심장 질환, 뇌 질환을 검사하거나 뇌 기능을 평가하기 위한 수용체 영상이나 대사 영상도 얻을 수 있다.

대뇌변연계(大腦邊緣系): 대뇌반구의 안쪽과 밑면에 존재하며 감정과 기억을 담당하고 성 행동, 정서 행동, 공격적인 행동을 조절하며 포유동물에게 잘 발달되어 있다. 이 부분이 자극을 받으면 특정 생각과 감정이 발생한다고 알려져 있다. 이 부분은 반드시 신피질과 연관되어야만 기능을 발휘할 수 있다.

편도체(amygdala): 대뇌변연계에 존재하는 아몬드 모양의 뇌 부위로 감정을 조절하고 공포에 대한 학습과 기억에 중요한 역할을 한다.

기저핵(basal ganglia): 대뇌수질(大腦髓質) 안쪽에 있는 몇 개의 신경세포 집단을 통틀어 이르는 말로 신체 전체의 균형을 위한 안정성 유지 기능을 수행한다.

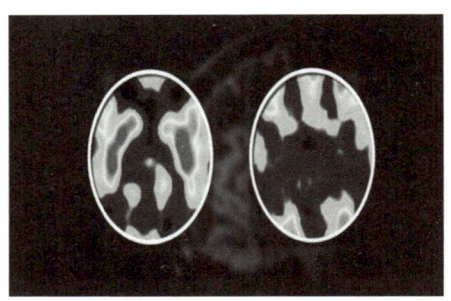

정상적인 아이의 뇌(왼쪽)와 달리 대뇌변연계의 일부가 손상된 아이의 뇌(오른쪽)

결국 진우의 부모는 주변의 권고를 받아들여 집 근처의 대학병원 소아정신과를 찾아갔다. 처음에 진우의 부모는 '사춘기가 좀 빨리 찾아와서 그런 거겠지', '몇 번 상담하고 도움을 받으면 금방 나아지겠지', '아이가 자라면서 으레 겪어야 하는 통과 의례겠지' 하고 생각했다. 진우의 주치의는 흔히 ADHD(주의력결핍 과잉행동장애) 등으로 알려진 어린이 정서 발달 장애 분야의 권위자였다. 의사는 진우에게 모두 16개 항목에 이르는 다양한 평가를 실시했다. 이 평가는 지능 발달, 정서 발달, 뇌 기능 검사까지 포함하는 매우 포괄적인 평가다. 진우에겐 특별히 PET라고 불리는 뇌 영상 장비

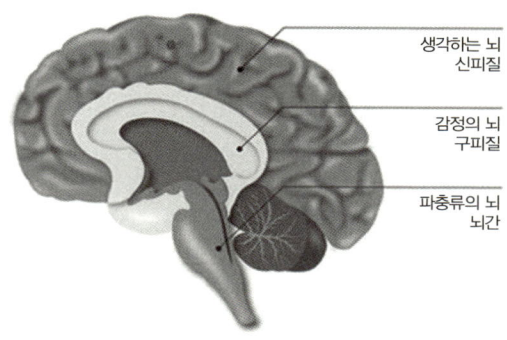

폴 매클린의 뇌 분류

를 이용한 대뇌변연계 부위의 촬영도 이뤄졌다.

결과는 충격적이었다. 뇌 영상 촬영 결과 진우의 대뇌변연계, 그중에도 감정을 담당하는 편도체와 기저핵 부분에서 심각한 이상이 발견된 것이다. 정상 상태의 PET 영상에서 편도체와 기저핵은 붉은색으로 표시된다. 제대로 활성화되고 있다는 뜻이다. 하지만 진우의 뇌에서는 붉은색 대신 검은색이 나타났다. 이는 진우의 뇌, 그중에도 대뇌변연계를 이루고 있는 편도체와 기저핵 부위의 신경세포(neuron)들이 정상적으로 발달하지 못했다는 의미다.

파충류의 뇌, 감정의 뇌, 생각하는 뇌

인간을 포함한 고등 영장류의 뇌는 크게 세 부분으로 이뤄져 있다. 이는 해부학적인 구분이 아닌 인간 행동학적 구분이다. 1950년대 미국의 신경학자인 폴 매클린(Paul Maclean)이 제시한 후 지금까지 통용되고 있다. 먼저 인간의 뇌 가장 깊숙한 안쪽에는 척수와 연결된 파충류의 뇌(reptilian brain)가 자리 잡고 있다. 흔히 뇌간(brainstem) 또는 뇌줄기라고 불리는 부분인데 이름과는 달리 생명 활동과 관련해 가장 중요한 뇌다. 파충류의 뇌는 생존의 뇌(survival brain)라고도 불린다. 심장박동, 호흡 조절, 무의식적 생리 반응 등 자율신경으로 작동하는, 가장 기본적인 생명 활동을 담당한다.[9]

진우에게 문제가 되었던 대뇌변연계는 파충류의 뇌 바로 위에 있는 부위다. 폴 매클린의 분류에 의해 이 부분은 포유류의 뇌(limbic brain)라고 불린다. 이 영역에는 감정, 좋아하는 것과 싫어하는 것, 단기 기억 등을 담당하는 편도체, 기저핵, 해마, 시상 등이 속해 있다. 이해하기 쉽게 집에서 강아지를 키우는 경우를 생각해보자. 주인이 나타나면 강아지는 꼬리를 흔들고 펄쩍펄쩍 뛰면서 좋아한다. 강아지들은 감정의 뇌가 있다. 반면에 어항에 물고기 등을 키우는 경우도 떠올려보자. 이 녀석들은 주인이 나타난다고 해서 지느러미를 펄럭거리거나 점핑을 하면서 반기지 않는다. 주인이 오거나 말거나 유유히 헤엄칠 뿐이다. 그러다가 딱 한 번 주인을 알아볼 때가 있다. 바로 모이를 주는 순간이다. 물고기들은 감정의 뇌가 없거나 매우 미약하다.

> **해마**(hippocampus, 海馬): 대뇌변연계의 양 쪽 측두엽에 존재하며 10^7개 정도의 뉴런으로 구성되어 있다. 좌측 해마는 최근의 일을 기억하고 우측 해마는 태어난 이후의 모든 일을 기억하는 것으로 알려져 있다. 시상 하부의 기능을 조절하는 역할도 한다.
>
> **시상**(thalamus): 대뇌로 가는 감각정보를 모으고 운동정보가 내보내는 입출력 중추 역할을 하며, 시상 하부와 그 아래에 위치한 뇌하수체는 우리 몸의 내분비계를 통해 항상성을 조절한다.

동물의 뇌에 있는 감정의 뇌는 진화적으로는 매우 중요한 진전이다. 감정이 있는 경우가 생존에 훨씬 유리하기 때문이다. 감정이 없는 악어나 뱀의 생존 방식을 떠올려보자. 파충류는 감정의 뇌가 없다. 그래서 생존의 뇌만으로 주변의 조건에 반응하며 살아간다. 가령 악어는 배가 고프면 배가 찰 때까지 주변에 있는 것들을 닥치는 대로 삼켜버린다. 나무토막이든 쇳덩이든 심지어 버려진 폐타이어를 삼키는 경우도 있다. 결과는 뻔하다. 몸에 치명적인 손상을 입을 수도 있고 생명마저 위태로워진다.

뱀도 마찬가지다. 뱀이 사람을 무는 것은 미워서가 아니다. 뱀은 적외선 등으로 사물을 감지하기 때문에 주변에 열을 지닌 무언가가 나타나면 공격한다. 따라서 파충류의 뇌, 생존의 뇌만 갖고 살아가는 악어, 뱀 등의 뇌는 호(好)와 불호(不好), 쾌(快)와 불쾌(不快)에 의한 정보의 판단 능력이 없다. 즉 자기에게 이로운지 해로운지를 구분하고 판단할 능력이 아예 없는 것이다.

그런데 파충류 다음 단계에 진화한 포유류는 한 단계 뛰어난 뇌의 능력을 개발했다. 감정의 뇌, 바로 대뇌변연계를 발명한 것이다. 감정의 뇌는 보다 진보된 시스템이며 생물학적으로 생존에 훨씬 유리하다. 감정의 뇌를 통해 좋아하고 싫어하는 것, 이로운 것과 해로운 것을 구별하기 때문이다. 인간과 같은 고등 영장류의 경우 감정의 뇌가 매우 탁월하게 발달되어 있다.

마지막 뇌의 부위는 가장 바깥에 위치한 대뇌피질(cerebral cortex) 혹은 신피질(neocortex)이다. 이 부위는 다른 말로 생각하는 뇌(thinking brain)라고 불린다. 흔히들 '뇌' 하면 떠올리는 지능, 생각, 의식, 언어, 운동 능력 등을 담당하는 부분이다. 인간의 대뇌피질은 6층 구조라고 한다. 이렇게 여러 층으로 이루어져 있을 경우 고차원의 의식이 가능하다. 즉 층이 많을수록 의식의 층위도 다양해진다는 의미다.[10]

1950년대에 이미 뇌를 세 부분으로 구분한 폴 매클린의 가설은 '뇌의 삼위일체설(triune brain)'이라는 별명을 갖고 있다. 인간이 생명 활동을 지속해 나가는 과정에서 뇌의 세 부분은 따로 작용하는 것이 아니라 서로 협력해서 작동한다는 의미다. 일상에서 벌어지는 인간의 생명 활동은 매 순간 본능, 감정, 의식이 함께 작용한 결과다. 생각하고 상상하고 말할 때조차도 대뇌피질, 즉 생각하는 뇌만이 아니라 파충류의 뇌, 감정의 뇌, 생각하는 뇌가 함께 작동한다.

그러므로 인간다운 뇌란 본능, 감정, 의식이 조화를 이룬 뇌라고 할 수 있다. 어느 한 부분만 지나치게 발달하거나 어느 한 부분이 제대로 작용하지 않는다면 건강한 뇌라고 할 수 없다.

감정의 뇌가 망가진 아이들

진우의 뇌를 촬영한 결과 편도체, 기저핵 등 대뇌변연계가 손상된 것으로 드러났다는 말은 결국 진우의 감정 체계, 단기 기억 작용 등에 장애가 생겼다는 의미다. 진우의 주치의는 이런 이상을 가진 아이들은 빈번하게 짜증을 내고, 소리를 지르고, 쉽게 포기하는 성향 등을 보인다고 지적한다. 더욱 문제가 되는 것은 성장이 진행될수록 아예 학습을 거부하는 성향으로 발전하는 경우가 많다는 점이다.

연세대 강남세브란스 병원의 신의진 교수(현 국회의원)는 대뇌변연계의 손상을 이렇게 설명했다.

"감정을 담당하는 대뇌변연계의 손상은 결국 감정 조절의 미숙과 같은 정서 문제를 야기합니다. 이게 학습에 대한 거부로까지 진전되는 이유는 감정의 생물학적 작용과 관련이 있습니다. 즉 내가 취해야 할 정보와 그렇지 않은 정보를 구분하는 능력이 크게 떨어지는 것이죠. 감정의 뇌가 잘 발달한 아이들이 나중에 공부를 더 잘한다는 보고도 있습니다."

결국 영어 영재 진우가 병원을 찾게 만든 친구들과의 다툼이나 무기력 등의 증상은, 감정의 뇌, 그중에도 편도체와 기저핵 등 감정 중추의 손상에 따른 심각한 뇌 질환의 징후였던 것이다. 그렇다면 무엇이 이런 비극적인 결과를 가져왔을까. 영어 교재와 비디오의 안 좋은 독성 물질이 아이의 뇌를 공격했을까. 당연히 그럴 리는 없다.

"과도한 스트레스가 문제입니다. 아이들이 발달 단계에 맞는 적절한 자극 대신 과도한 자극, 즉 문자 학습 등에 노출되면 스트레스를 받게 됩니다. 그 결과 뇌에서 코르티솔이라는 스트레스 호르몬이 과다 분비됩니다. 이 코르티솔이 신경 세포의 발달을 억제한다는 연구 결과가 있습니

코르티솔(cortisol) : 좌우 콩팥 위에 있는 내분비샘인 부신에서 합성, 분비되는 호르몬이다.

다. 아이들의 뇌에 스트레스는 천적입니다." 신의진 교수의 설명이다.

인간의 뇌가 발달하는 순서

인간의 뇌 발달 과정을 좀 더 살펴보자. 앞서 소개한 뇌의 삼위일체설에 따르면 인간의 뇌는 파충류의 뇌, 감정의 뇌, 생각의 뇌 순서로 발달한다. 물론 이 과정이 대나무가 자라듯이 매듭을 지어 구분되는 것은 아니다. 하지만 인간의 생애 전체를 놓고 본다면 서서히 단계별로 발달된다고 볼 수 있다. 먼저 파충류의 뇌는 아이가 세상에 태어날 때 이미 거의 완성되어 있다. 아이가 세상에 태어나자마자 심장이 뛰고, 숨을 쉬고, 영양분을 섭취하는 등의 생명 활동을 해야 하므로 당연한 일이다. 두 번째로 감정의 뇌, 즉 대뇌변연계는 약 12세 무렵까지 집중적으로 발달한다. 물론 이 시기에도 생각의 뇌가 발달하지만 12세까지 뇌의 주인공은 감정의 뇌라고 해도 과언이 아니다.

그렇다면 왜 인간은 생각의 뇌보다 감정의 뇌를 먼저 발달시킬까? 여기에 바로 생명의 신비가 숨어 있다. 인간은 다른 동물에 비해 매우 긴 성장기를 보낸다. 인간의 뇌는 대략 18세 무렵을 전후한 시기에야 1차 발달을 마무리한다. 길어진 수명과도 관련이 있지만 본질적으로 다른 포유류나 영장류가 생후 3~5년 사이에 성장을 마무리하는 것과는 비교도 안 되는 더디고 지난한 과정이다. 대략 12세 무렵까지 감정의 뇌를 먼저 발달시키는 것은 개성 형성과 밀접한 관련이 있다.[11]

인간의 뇌는 미리 정해진 설계도나 계획인 유전자 등의 지배를 받는 대신 주변의 환경이나 나 아닌 다른 존재와의 끊임없는 만남, 접촉, 이별을 통해 감정을 키우고 의식을 키워 나간다. 숱한 시행착오와 경험이 쌓이면서 비로소 한 인간으로서 개성과 의식, 즉 자기만의 뇌를 갖게 되는 것이다. 쌍둥이라고 해도 똑같은 경험을 나눌 가능성은 전혀 없을 정도로 인간은 각양각색의 경험을 축적함으로써 '유일무이한 나'라는 존재로 형성된다. 인간의 아이가 무려 20여 년이라는 지루한 성장기를 보낸다는 것은 그만큼 숱한 시행착오와 연습과 학습을 위한 시간을 확보하고 있다는 의미다. 이는 인간에게만 주어진 축복이자 신비다. 이 과정을 통해 우리는 서로 다른 존재가 된다. 우리가 서로 다르다는 사실은 얼마나 매혹적인가.

그러나 요즘 부모들은 이런 축복과 신비를 거부하고 아이의 뇌가 자연스럽게 발달할 기회를 주지 않는다. 그 결과 정상적으로 태어난 수많은 아이들이 진우처럼 감정의 뇌를 발전시키지 못한 채 파충류의 뇌로 살아가고 있다. 신의진 교수는 이 아이들에게 일어난 비극적인 사건에 대해 이런 설명을 덧붙였다.

"지금 많은 아이들이 감정을 발달시켜야 할 나이에 공부를 하고 있어요. 조기교육은 인간의 발달에 전혀 맞지 않는 자극이자 경험입니다. 오히려 그 시기의 아이는 엄마를 포함한 주 양육자와 상호작용을 하고 자연 속에서 친구들과 어울려 뛰어놀아야 합니다."

chapter 4

사라져버린 공감능력의 비밀

 영국 런던 킹스칼리지 정신의학 연구소는 사이코패스(psychopath), 그중에도 흉악 범죄를 일으킨 약 20여 명의 뇌를 스캔하는 실험을 진행했다. 연구팀은 왜 사이코패스형 범죄에는 아무런 원한 관계가 없는 사람에 대한 연쇄살인이나 미성년자 강간 같은 끔찍한 범죄가 많은지에 초점을 맞췄다. 연구팀은 뇌 신경회로의 미세한 연결 상태를 들여다보는 첨단 장비인 DT-MRI를 활용했다.

 인간다운 뇌, 건강한 뇌는 파충류의 뇌, 감정의 뇌, 생각하는 뇌가 조화를 이룬 뇌다. 여기에서 조화를 이룬다는 말을 신경학적으로 설명하면 각각의 뇌가 신경회로, 모듈 혹은 네트워크 등으로 잘 연결되어 있고 함께 작용한다는 의미다. DT-MRI를 활용하면 뇌의 각 모듈, 네

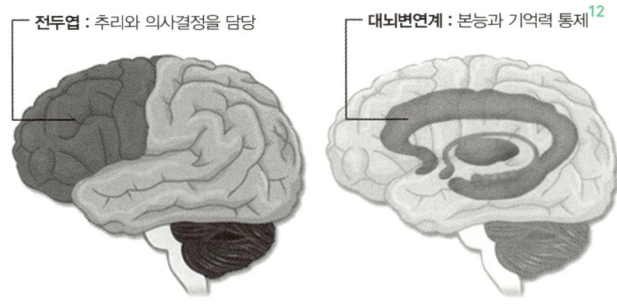

트워크의 상태를 한눈에 확인할 수 있다.

연구팀은 흉악 범죄를 일으킨 사이코패스들의 뇌에서 공통점을 발견했다. 그들은 감정의 뇌가 크게 손상되어 있었다. 특히 감정의 뇌인 대뇌변연계와 생각의 뇌인 전전두엽을 연결하는 '갈고리다발(uncinate fasciculus)'의 손상이 두드러졌다. 이는 감정의 뇌와 생각의 뇌가 서로 협업할 수 없다는 의미다. 공감 능력이 거의 없다고 보아도 좋을 정도로 낮아져 전두엽 등에서 일어나는 예측이나 판단에 의한 억제 능력이 감정과 본능에 거의 영향을 주지 못하는 상태인 것이다. 사이코패스형 범죄자들의 감정의 뇌가 크게 손상된 원인은 어린 시절의 과도한 스트레스 또는 학대로 알려져 있다.[13]

부모들의 욕망이 가져온 비극

최근 정부는 영·유아와 어린이의 정신 건강 실태에 주목하기 시작했다. 경기도 광명시에서 78개월(만 6.5세) 미만 어린이 530여 명을 대상으로 실시한 정신 건강 실태 조사도 그 움직임의 하나다. 여기서 문제가 발견된 아이들은 언어 발달 지체, 정서 발달 지체, 자폐 성향(후천성 자폐) 등의 증상을 보였다. 연구팀은 문제의 원인으로 두 가지를 꼽았다. 첫째는 아이들에게 전이되는 부모의 과도한 스트레스, 둘째는 과도한 조기교육으로 인한 스트레스다.[14]

좀 늦기는 했지만 정부가 아이들의 정신 건강을 직접 챙기기 시작한 것은 환영할 일이다.[15] 조기교육이 이미 우리 사회의 대세가 되면서 점점 그 정도를 높여가고 있기 때문이다. 한 육아 잡지가 337명의 부모를 대상으로 설문조사를 실시한 결과 91퍼센트가 생후 0~36개월이 조기교육을 실시하기에 적절한 시기라고 대답했다. 조기교육에 대한 부모들의 열망이 어느 정도인지를 단정적으로 보여주는 결과다.[16]

1990년대 후반부터 과열되기 시작한 우리나라의 조기 사교육은 현재 그 가짓수를 헤아릴 수 없을 정도로 종류가 다양해졌고 또 점차 세분화되는 추세다. 특히 영·유아기의 사교육은 한글, 영어, 수학 같은 인지 교육이 대세를 이루고 있다. 2001년 2159명의 부모를 대상으로 조사한 결과 1847명(86퍼센트)이 아기에게 교육을 시키고 있었다. 이 중 두 가지를 교육받는 유아는 30퍼센트, 세 가지를 교육받는 유아는 20.6퍼센트, 세 가지 이상을 교육받는 유아는 41.2퍼센트였고 열 가지 이상을 교육받는 유아도 8명이나 되었으며 최고 열두 가지를 하는 유아도 있었다. 종류별로는 한글이 49퍼센트, 수학이 32퍼센트, 영어가

28퍼센트, 피아노가 28퍼센트였다.[17] 10여 년 전의 조사였다는 점을 감안하면 그 양상은 더욱 확대되었을 것이다.

거듭 말하지만 이런 조기교육이 문제가 되는 것은 영·유아의 발달에 맞지 않는 교육이 아이들을 육체적, 정신적으로 힘들게 하고 심지어는 자폐증, 학습 장애, 언어 장애를 일으키는 과잉 학습 장애의 원인이 되는 경우가 많기 때문이다.

조기교육의 확대로 뇌가 아픈 아이들이 증가하는 모습을 지켜보고 있으면 마치 우리 사회 전체가 치킨게임(chicken game)을 벌이는 것 같다. 단적으로 언어학자, 신경학자, 소아정신과 의사, 발달심리학자 등 전문가들 가운데는 영·유아의 영어 조기교육을 지지하는 사람이 거의 없다. 즉 어린 시절의 영어 교육이 실제로 영어 능력을 높인다는 과학적 설명을 어디서도 찾아볼 수 없음에도 영어 유치원이 대세로 굳어진 것을 보면 우리 사회의 치킨게임이 어떤 양상으로 전개되는지를 엿볼 수가 있다.

영어 조기교육의 허상

한국인 최초의 국제회의 통역사인 한국외국어대학교 통번역대학원의 최정화 교수가 들려주는 외국어 교육법은 영어 조기교육 열풍이 얼마나 과장되어 있는지를 잘 보여준다.

"영어를 잘하는 비결은 한국어에 있어요. 모국어를 얼마나 잘하느냐가 곧 외국어 능력을 결정합니다. 영어는 자기 의견을 다른 사람에게 전달하기 위한 수단일 뿐이에요. 하지만 영어를 수단이 아닌 목적으로 여기고 공부를 하다 보니 영어 시험에서는 높은 점수를 받지만 외국인과 대화하는 데는 어려움을 겪지요. 영어를 배우기 전에 의사소통 지수를 높여야 합니다."[18]

최 교수가 말하는 의사소통 지수란 하고 싶은 말을 하고 상대방의 말을 경청하는 것, 한마디로 상대방의 눈높이에 맞춰 자신의 의사를 전달하는 능력을 말한다. 그런데 뇌가 아픈 영어 영재들의 경우에는 의사소통 지수에 맞춘 영어 교육이 이루어지지 않았다. 부모의 과욕으로 이 아이들은 의사소통 지수가 아직 자라지 않은 너무 이른 시기에 영어 공부를 시작하게 되었고 그 결과 스트레스로 뇌가 손상되었다. 그러다 보니 영어 영재들 중 일부는 영어는 잘할지 모르지만 친구들과는 늘 다투는 아이로 바뀌어버렸다. 감정의 뇌가 손상되면 공감 능력도 떨어져서 남의 말을 듣기보다는 자기주장을 앞세우게 된다. 이런 과정이 반복되다 보면 능동적인 학습 자체를 거부하는 무기력에 빠지고 마는 것이다.

영어 조기교육에 솔깃한 부모에게 하버드대 심리학과 스티븐 핑커(Steven Pinker) 교수의 이야기를 들려주고 싶다. 핑커 교수에 의하면 인간의 언어는 선천적으로 뇌에 프로그래밍되어 있다고 한다. 세상에 태어난 이후 언어 발달은 자신이 태어난 곳의 사람들이 일상적으로 쓰는 모국어 또는 모성어(mother language)를 통해 드러난다. 언어는 뇌에 저장된 본능이므로 무엇인가가 이를 촉발하는 방아쇠 역할을 해야 하는

데 모국어, 모성어가 바로 그 역할을 수행한다.[19] 한국에서 태어난 아이라면 한국어를 잘 익혀야 뇌에 저장된 언어 본능이 드러나고 아이의 뇌에 비로소 언어 회로가 형성되기 시작한다.

그런데 언어 발달은 단기간에 이뤄지지 않는다. 생후 약 36개월까지 단어의 의미 등을 파악하는 브로카 영역(Broka area)이 활성화되고 이후 6세 무렵까지 통사 구조, 즉 문장을 이해하는 베르니케 영역(Wernicke area)이 활성화된다. 단어와 문장을 말한다고 해서 언어가 완성되는 것은 아니다. 아이의 뇌는 13~15세까지 좌·우뇌의 공간, 지각 개념 등을 활용해 언어의 세계를 확장시켜 나간다. 따라서 언어, 특히 제2언어는 단기간에 습득되지 않는다. 아이들의 발달 과정에 맞는 교육이 필요한 이유다.

한편 조기교육을 위해 제작된 영상물의 효과에 대해서도 연구가 활발히 이뤄지고 있다. 하버드대의 하워드 리처드슨 교수팀은 미국 과학재단의 지원을 받아 1960년대 TV와 함께 등장한 다양한 어린이 교육용 영상물의 교육 효과에 대한 방대한 연구를 진행했고 그 결과를 2003년에 발표했다. 결론은 '효과 없음'이다. 만 6세 미만의 어린이를 대상으로 제작된 영상물 중에 교육 효과가 있는 것으로 입증된 사례는 단 한 건도 없었다.[20] 이 연구가 사회적으로 큰 반향을 일으키면서 2009년 디즈니사가 판매하던 영·유아 교육용 비디오인 베이비 아인슈타인 시리즈는 과대 광고라는 판결을 받고 판매 금액 전액을 환불해 주는 사태까지 벌어졌다.[21]

ⓒSuprijono Suharjoto

인간은 다른 동물에 비해 매우 긴 성장기를 보낸다.
인간의 뇌는 18세 무렵을 전후한 시기에야 1차 발달을 마무리한다.
12세 무렵까지 감정의 뇌를 먼저 발달시키는 것은
개성 형성과 밀접한 관련이 있다.

chapter 5

영재라서 그래요

서연이는 올해 여섯 살로, 유치원 엄마들 사이에서 영재라고 알려져 있다. 아이는 네 살 무렵부터 혼자서 한글을 익혔다. 부모는 아이가 태어나자마자 육아 지침서 등의 권고에 따라 거실을 서재로 바꿨다. 늘 책 읽는 모습을 보여줘야 한다고 믿었기 때문이다. 서연이도 엄마 아빠 옆에서 책을 보는 것이 자연스럽게 몸에 배었다.

네 살 무렵 서연이는 자기만의 방식으로 한글을 익히기 시작했다. 처음엔 친구들의 이름표에 적혀 있는 글자와 음을 하나하나 유심히 살피면서 따라 읽었다. 차를 타고 지나면서 본 거리의 간판 또는 엄마가 읽어주는 그림책이나 신문 등에서 친구들의 이름과 같은 글자를 보면 떠듬떠듬 읽어냈다. 읽을 수는 있지만 뜻을 모르는 단어가 나올 때는

"○○가 뭐야?"라는 질문도 이어졌다. 이런 식으로 알아보기 시작한 글자의 개수가 점점 빠른 속도로 늘어났다. 그리고 약 6개월 만에 완벽하지는 않지만 혼자 그림책을 읽을 정도가 되었다. 서연이가 혼자 한글을 익혔다는 것이 알려지면서 주변의 다른 엄마들이 부러워하기 시작했다.

서연이 엄마는 부러워하는 다른 엄마들에게 "아이들이 다 그렇지 뭐"라고 대수롭지 않게 말하곤 했고 그럴 때마다 핀잔이 돌아왔다. "지금 서연이 똑똑하다고 자랑하는 거지요!?" 서연이 엄마는 학습지, 영·유아용 전집이나 교재를 이용해 아무리 가르쳐도 제대로 글자를 익히지 못하는 아이가 많다는 이야기를 그때 처음 들었다. 혼자서 한글을 익힌 딸을 그냥 귀엽게만 여겼는데 주변에서는 그게 아니라고 했다.

"언니, 아무나 그렇게 되는 거 아니에요."

서연이 엄마는 이 말을 듣는 순간 '혹시 아이가 영재가 아닐까'라는 생각을 잠깐 하기도 했다.

다섯 살 영재와 미운 일곱 살 사이

다섯 살이 되면서 서연이는 영어 공부도 시작했다. 다니던 어린이집을 그만두고 주변에 꽤 알려진 영어 유치원으로 옮겼다. 학원비가 80만 원이 넘었지만 엄마는 더 늦기 전에 아이에게 영어를 가르쳐야 한다고 오래전부터 생각해왔었다. 혼자 한글을 익힌 것처럼 서연이는 영어 유치원에도 빠르게 적응했다. "노 코리안(No Korean)! 한국말은 안돼요!"라고 외치는 원어민 선생님의 말을 듣고 울음을 터뜨리는 아이들도 더러 있었지만 서연이는 그렇지 않았다. 엄마의 눈에는 서연이가 영어 배우기를 아주 즐기는 것처럼 보였다.

여섯 살이 되자 서연이가 공부하는 과목이 하나 더 추가되었다. 바로 수학이다. '여섯 살 꼬마가 무슨 수학? 산수겠지'라고 생각하겠지만 분명히 수학이다. 수 개념과 도형은 물론 더하기, 빼기, 나누기, 곱하기 등 간단한 계산도 배운다. 구구단은 노래로 배웠는데 서연이는 한글과 영어를 배울 때처럼 며칠 만에 구구단을 다 외워서 주변을 놀라게 했다. 엄마는 서연이가 진짜 영재라고 확신하게 되었다. 하지만 굳이 영재성 판별 검사를 받지는 않기로 했다. 공연히 유난 떨 필요는 없다고 생각했다.

그런데 수학 공부를 시작하고 얼마 뒤, 서연이는 전에는 하지 않던 행동을 보이기 시작했다. 잠들기 약 한 시간 전부터 아주 크게 소리를 지르고 징징거리고 울부짖는 경우가 많아졌던 것이다. 그리고 친구들과의 놀이에 점점 흥미를 잃어갔다. 자꾸만 짜증을 냈고 나중에는 밖에 나가 노는 것보다 집에서 혼자 책을 보거나 비디오를 보는 것을 더 좋아하게 되었다.

엄마는 서연이를 재우느라 좀 짜증이 나긴 했지만 다음 날이면 또 영어, 수학 등을 잘 따라하는 아이를 보면서 '미운 일곱 살'이 좀 빨리 찾아온 거라고 여겼다. 하지만 함께 살고 있는 할머니의 생각은 달랐다. 할머니의 생각은 단순했다. '세상에 놀기 싫어하는 아이가 어디 있나?'라고 혼자서 걱정하던 할머니는 아들 내외에게 아동 상담 센터 같은 곳에 한 번 가보라고 권유했다. 아들 내외는 펄쩍 뛰었다. 아이가 영재성이 있어서 좀 예민한 거라며 할머니에게 핀잔을 주기까지 했다.

서연이가 보인 이상한 행동들은 더 악화되지도, 그렇다고 나아지지도 않았다. 할머니는 늘 혼자 놀고 있는 손녀딸이 너무 안쓰러웠다. 할머니는 혼자서 아동 상담 센터를 찾아갔다. 그리고 손녀딸에게 나타난 이상한 행동을 전문가에게 자세하게 설명했다.

"할머니 말씀으로만 들어서 확실하지는 않지만 정서 불안, 충동적 행동 등이 나타난 것 같아요. 그런 경우는 아주 많거든요."

정석진 박사의 말이다. 정 박사는 지난 20년 동안 수천 명의 어린이를 상담해온 발달심리 분야의 전문가로 풍부한 임상 경험을 갖고 있다.

"영·유아 중에 정서 불안, 도피, 충동적 행동, 주의 산만, 창의성 발달 저하 등의 심각한 문제를 일으키는 아이들이 점점 많아지고 있습니다."

정 박사는 할머니에게 서연이를 꼭 데리고 와보라고 했지만 엄마 아빠의 태도는 여전히 완강하다. 우리 아이가 그럴 리가 없다는 것이다. 영재성이 있어서 좀 까다롭고 예민한 아이를 정신병자 취급한다고 오히려 펄펄 뛰는 상황이다. 서연이는 과연 영재라서 그런 걸까.

"그런 경우는 없습니다."

정석진 박사의 대답은 단호했다.

할머니는 아들 내외 몰래 혼자서라도 서연이를 데려가 봐야 하나 고민이 점점 깊어지고 있다. 한글은 혼자 익히고 영어도 잘하고 구구단도 척척 외우는 똘똘한 여섯 살 서연이가 이상한 행동을 시작한 이유는 무엇일까. 정석진 박사는 그 원인을 이렇게 추정했다.

"다른 원인도 물론 있겠지만 서연이의 경우는 과도한 인지 교육, 그러니까 공부를 너무 많이 하는 것 같아요. 문제는 스트레스예요."

상식의 함정에 내 아이가 빠졌을 때

실제로 한 아동 상담 센터의 경우 전체 상담 건수 중 70퍼센트가 사교육이나 학습 스트레스와 관련이 있다. 이 아이들에게서 언어 발달 지체, 정서 불안, 자폐 등의 증상이 발견되었는데 센터 측은 그 원인으로 첫째, 아이들에게 전이되는 부모의 과도한 스트레스, 둘째, 과도한 조기교육으로 인한 스트레스를 꼽았다.

연세대 강남 세브란스병원 소아정신과의 신의진 교수는 인지교육 중심의 조기교육은 정신적인 스트레스를 가져올 수 있고 이런 스트레스는 정서 불안, 도피 증세, 충동적 행동, 주의 산만, 발달 저하 등의 심각한 문제를 불러온다고 경고한다. 부모들 역시 이런 사실을 어느 정도는 알고 있다. 어떤 연구에 의하면 약 80퍼센트의 부모가 '조기교육을 안 시키는 것보다 시키는 것이 낫다'라고 생각하면서도 '일찍부터 아이에게 많은 부담을 준다'는 점을 조기교육의 가장 큰 문제점으로

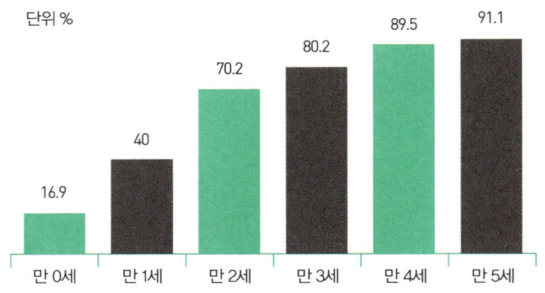

영유아 연령별 사교육비 지출 가정의 비율[22]

지적한다.[23]

사실 과도한 조기교육, 인지 교육, 즉 공부로 인해 아이들의 뇌 발달에 문제가 생긴다는 지적은 우리나라에서도 1990년대 초부터 지속적으로 제기되어왔다. 20여 년 동안 정신의학 분야, 아동학 분야의 일부 전문가들이 지속적으로 문제를 제기했음에도 조기 사교육이 확대되는 거대한 흐름에는 별로 영향을 미치지 못하고 있다.

우리나라의 조기 사교육은 이미 1980년대 말 과외 금지 조치가 해제되면서 과열화 양상을 띠기 시작했다. 조기 사교육을 받는 아이들의 나이도 점점 어려지고 있다. 10년 전인 2002년에 이뤄진 연구에서 이미 초(超)조기화 현상이 확인되었다. 생후 5개월의 영아들에게 영어 노래를 들려주는 영어 유아원이 등장했는가 하면, 생후 18개월부터 그림책과 카드를 이용해 부모와 함께 영어 교육을 하는 곳도 있었다. 또 많은 수학 학원에서는 생후 24개월인 영·유아에게 다양한 교구를 이용해 수, 도형, 공간 등의 개념을 알려주는 프로그램을 경쟁적으로 시행하고 있었다. 우리의 주제와 관련해 주목할 만한 현상은 2000년 이후 학습 중심의 사교육이 심화되고 있다는 점이다. 이제 우리나라에서는 유치원에 입학하기 전인 만 3~4세에 한글, 영어, 수학을 공부하는 것이 상식으로 자리 잡았다.[24]

앞에 소개한 여섯 살 서연이의 부모도 이런 상식의 대열에 참여했을 뿐이다. 그들은 아이를 잘 키우기 위해 남들과 다른 특별한 프로그램을 선택한 것이 아니었다. 오히려 그들은 대여섯 가지의 학원에 다니는 다른 집 아이들을 보면서 극성스러운 부모들 때문에 아이가 고생하고 있구나, 불쌍하게 여기며 자신들에게 그럴 만한 경제적 여유가 없는 것을 차라리 다행으로 생각하고 있었다. 그래서 서연이에게 문제가 생겼다는 사실을 더욱 받아들이지 못하는 것이다.

하지만 상식처럼 여기는 일에도 늘 함정은 있게 마련이다. 한두 사람이 빠졌을 때는 함정이라는 것을 알고 밖에 있는 사람들이 구원의 손을 뻗기도 한다. 하지만 많은 사람이 빠져 있으면 아예 함정 자체가 보이지 않게 된다. 어느덧 깊고 넓은 함정은 수렁으로 바뀌어버렸다.

chapter 6

중독시대
: 스마트폰과 아이의 뇌

　　스마트폰은 이제 어른은 물론 아이들에게도 필수품이 되었다. 세계시장에서 1, 2위를 다투는 전자 기업은 한 해에만 1억 대의 스마트폰을 팔아 약 150조 원을 벌어들이기도 했다. 2013년 정부 예산인 약 400조 원의 3분의 1을 차지하는 규모다. 일찍이 마셜 매클루언(Marshall Mcluhan)이 예언한 것처럼 스마트폰은 생활의 필수품을 넘어 이제는 우리 몸의 일부, '인간 몸의 연장(extension)'이 되었다.[25]

스마트폰이라는 위험한 거래

　　스마트폰은 아이들의 밥상도 점령했다. 요즘 식당에 가보면 전에는 볼 수 없었던 새로운 풍경이 목격되곤 한다. 온 가족이 식당을 찾은 경우 열에 아홉 명의 아이들은 손에 스마트폰을 들고 있다. 아이들은 밥을 먹는 도중에도 스마트폰에서 눈을 떼지 않는다. 특히 젊은 부부들의 경우에는 아이들이 식당에서 조용히 앉아 있지 못하고 이리저리 돌아다녀서 다른 사람들에게 피해를 준다는 이유로 아예 자리에 앉자마자 아이의 손에 스마트폰을 쥐어주기도 한다. 이제 스마트폰 덕분에 아이들은 밥을 먹는 내내 조용히 제자리를 지킬 수 있게 되었다. 밥도 엄마가 먹여준다. 부모들도 부산스러운 아이들이 조용해졌으므로 수고를 덜게 되었다. 역시 스마트폰 덕분에.

불과 몇 년 사이에 익숙해져버린 이런 모습은 과연 괜찮은 것인가. 아이들의 뇌는 과연 어떤 영향을 받고 있을까. 누구나 예상하듯이 과도한 스마트폰의 사용은 아이의 뇌 발달에 악영향을 미친다. 그냥 안 좋은 것이 아니라 매우 안 좋다. 신경회로의 패턴을 엉망으로 만들기도 하고 영·유아의 경우 아예 시각 형성을 방해받기도 한다. 그런가 하면 청소년 비만의 원인이 되기도 하고 잠재된 공격 성향을 부추기기도 한다. 중독성도 마약에 버금간다.

13세 소년이 게임을 너무 오래한다며 나무라는 어머니를 때려 숨지게 한 사건이 있었다. 또 부부가 인터넷 게임에 빠져서 30개월 된 딸을 굶겨 죽인 사건도 있었다. 대만과 한국에서 실제로 일어난 사건이다.[26] 가끔 소개되는 이런 충격적인 뉴스들은 중독에 이를 정도의 과도한 스마트폰 사용에 대한 경각심을 불러일으킨다. 동시에 '내 아이는 저 정도는 아닐 거야', 즉 우리 아이는 적절하게 이용하고 있다는 안도감도 느끼게 한다.

매스컴에 등장하는 많은 연구자들은 디지털 기기의 '과도한 사용이 문제이고 적절하게 활용하면 오히려 긍정적인 효과가 있다'라는 주장을 펼친다. 컴퓨터를 거실로 옮기라거나 아이들의 인터넷과 스마트폰 사용 시간을 제한하라는 등의 대안이 제시된다. 하지만 실제로는 그 결과가 신통치 않다는 점이 문제다. 전문가들의 권고대로 컴퓨터를 거실로 옮기고 용돈을 제한하고 스마트폰을 사용하지 못하게 했더니 부모의 돈을 몰래 훔쳐 PC방으로 달려가거나 친구의 스마트폰을 빌리는 것이다.

그러니 스마트폰이 아이들에게 좋은 영향을 준다고 생각하는 부모가 별로 없는 것도 당연한 일이다. 최근의 과학적인 연구 결과도 그 폐해에 주목하고 있다. 뇌 연구의 진전과 함께 디지털 기기가 아이의 뇌 발달에 미치는 영향이 이제 본격적으로 다뤄지기 시작한 것이다.

시각 형성과 뇌 발달

만 2세 미만의 아기들이 영상 자극에 과도하게 노출되었을 경우 뇌에 있는 시각중추 형성에는 치명적이다. 우리는 눈으로 보는 것이 아니라 뇌로 본다. 눈은 마음의 창이라는 말처럼 눈은 그야말로 뇌의 창일 뿐이다. 눈으로 들어온 외부의 시각 정보는 시신경을 타고 뇌로 전해져

복잡한 처리 과정을 거쳐야 인식된다. 만 2세 미만의 아기들은 아직 시각회로 또는 시각중추 등이 완성되지 않은 상태다. 따라서 스마트폰처럼 작은 화면을 통해 전환 속도가 매우 빠른 영상과 소리가 함께 전해지면, 즉 매우 자극적인 정보가 과도하게 전달되면 신경회로는 제대로 발달할 수 없다. 신경세포들이 쉽게 피곤해지기 때문이다.

스마트폰이 아기의 시각중추 형성에 미치는 영향은 아직 연구 중인 분야다. 따라서 우선은 과거에 발표된 조기 독서가 아기들의 시각중추 형성에 미치는 영향에 관한 연구를 살펴보는 것이 중요하다. 너무 이른 시기에 책을 많이 본 아기들 중에 사시(斜視)가 많이 발생한다. 책과 같이 고정된 사물에 아직 완성되지 않은 아기들의 시선이 지나치게 오랫동안 고정된 결과다.

조기 독서는 사시뿐만 아니라 학습 장애도 유발한다. 조기 과잉 독서는 사시뿐만 아니라 초(超)독서증, 그리고 초등학교 과정에서의 학습 장애도 유발한다. 이렇게 어린 시기에 시작되는 문자 교육, 독서 교육은 외국에서는 찾아보기 힘든 현상이다. 핀란드, 독일 등 대부분의 유럽 국가들은 초등학교 취학 전에 문자 등의 교육을 하지 않는다. 최근 대만 정부는 10여 년 간의 논의 끝에 '보습교육법' 개정안을 마련하고 6세 미만 영·유아들에게 속독, 암산, 영어 등의 과외 교육을 금지하기로 결정했다.[27] 책이 아이들의 시각 형성에 악영향을 준다는 점을 고려하면 그보다 몇 배나 더 자극적인 스마트폰의 폐해는 굳이 설명하지 않아도 될 것이다.

이제 보다 구체적으로 살펴보자. 아이들의 뇌 발달과 스마트폰은 어떤 관련이 있을까. 가장 권위 있는 소아과학 학회지인 미국소아과학회의 〈JAMA(Journal of the American Medical Association)〉는 2014년의 주제를 '미디어, 테크놀로지와 아이들의 건강'으로 정하고 논문을 모집했다.[28]

뇌과학 전문 학술지인 〈뉴로사이언스(Neuroscience)〉는 최근 스마트폰 등 디지털 기기의 과도한 활용이 아이들의 뇌에 미치는 악영향을 발표하기 시작했다. 스마트폰이 본격적으로 보급되기 시작한 것이 2010년 무렵이었으므로 약 3~4년이 지난 지금에야 그 영향들이 연구 결과로 보고되는 사실상 초기 연구 단계라 할 수 있다. 이 점을 기억해야 한다. 우리는 지금 인터넷 게임, 비디오 등을 손에 쥐고 보면서 성장한, 인류 역사상 한 번도 본 적이 없는 새로운 종류의 인간과 대면하고 있다. 그들의 뇌는 물론이고 행동, 언어 등도 함께 연구 대상에 포함될 수밖에 없다.

같은 잡지에는 미국과 한국의 뇌과학자, 심리학자, 소아과 의사 등이 공동으로 진행한 '뇌와 비디오 게임(Brains on video games)'이라는 제목의 연구가 소개되었다. 지금껏 디지털 기기가 아이들의 뇌에 미치는 영향에 대한 초기 연구는 주로 신경질환, 즉 사회적 행동 장애, 공격 성향, 우울증, 의욕 감퇴 등 주로 개인적인 차원에 주목해왔다. 그런데 최근의 연구는 인터넷 게임에 중독된 사람들에게서 나타나는 병리적 행동이 실제로 가정 파괴 같은 공포스러운 현실로 등장하고 있다는 것

에 주목하며 이를 학문적으로 다루기 시작했다.[29]

스마트폰은 진정제가 아니다

최근에는 '디지털 치매(digital dementia)'라는 개념이 학계에서 활발하게 논의되고 있다. 이 말은 2004년 처음 사용되었으며, 현재 국립국어원에도 등재되어 있다. 디지털 치매란 디지털 기기에 의존하다가 기억력, 사회성 등이 떨어져버린 상태를 뜻한다. 독일의 뇌 연구자 만프레드 슈피처 박사가 자신의 저서 《디지털 치매》에서 "한국 학자들이 처음 발표한 말로 기억력 장애와 감수성 약화를 겪는 청소년들이 늘고 있다"라고 소개하면서 디지털 치매는 국제 학계에서도 통용되는 용어로 자리 잡았다. 스마트폰을 비롯한 디지털 기기들이 유사 자폐, 인터넷과 스마트폰 중독, ADHD, 언어·발달 장애 등을 유발한다는 점에 착안한 것이다.[30]

물론 스마트폰 등 디지털 기기를 교육용으로 사용하려는 연구도 활발하다. 학교에서 아이들에게 태블릿 PC를 나눠주는 등 실제로 각종 기기들이 교육 현장에 활용되기도 한다. 이 경우에도 역시 '적절한 사용 혹은 이용'이 전제가 된다. 그런데 문제는 바로 그 지점에서 시작된다. 아이들에게 '적절한 사용'이란 것이 과연 가능한가?

이건 막는다고 되는 일이 아니다. '요즘 아이들이 문제'라고 말할 것도 없다. 흡연이 건강에 해롭다고 정부가 나서서 금연 캠페인을 하고 막대한 예산을 쏟아부어도 흡연율은 여전히 50퍼센트대를 유지한다. 요지부동이다. 게다가 청소년 흡연율은 세계 1위다. 술은 또 어떤가. 수많은 건강 관련 방송 프로그램이나 신문과 잡지 기사에서 음주의 폐해를 알리고 적당한 음주를 권장하지만 술 소비는 줄지 않는다. 어른과 청소년도 이런데 아이들에게 절제를 요구하는 것은 어불성설이다.

스마트폰이나 인터넷 게임이 아이들에게 해로우니 적당히 조절해야 한다는 권고는 많지만 정작 아이들이 스마트폰과 인터넷 게임 등에 집착하는 원인에 대해서는 별로 언급이 없다. 원인도 모르는데 어떻게 집착을 끊을 수가 있을까. 현재로서는 부모가 디지털 기기의 폐해를 알고 이를 적절히 통제하는 방법밖에 없는 것이다.

새로운 놀이를 발견한 아이들

강연을 할 때마다 거의 빠지지 않는 질문이 있다.
"하루 종일 스마트폰만 들여다보고 있어요. 어떻게 하면 좋아요?"
정답은 없다. 하지만 몇 가지 원칙을 말씀드린다. '첫째, 만 2세 미만 영·유아 들에게는 절대로 스마트폰 등 영상 매체를 접하지 못하게 할 것. 둘째, 아이가 좀 큰 뒤에는 시간을 정해서 약속을 하고 시청하게 할 것. 약속을 잘 지키면 보상을 주는 방법도 권장한다. 셋째, 함께 볼 것.' 그리고 나서 미국 중산층 가정의 TV시청 행태를 조사한 연구 결과에 의하면 부모와 함께 대화하면서 TV를 본 아이들에게는 오히려 긍정적인 효과가 나타났다고 덧붙여 설명한다. 그러면 곧바로 곤혹스러운 질문이 이어진다.

"스마트폰은 어떻게 하나요?"

"…… 음, 그건 TV시청 원칙을 적용해보면 어떨까요?"

"…… "

스마트폰은 많은 부모들의 고민이 되었다. 사줘야 할까, 말아야 할까. 사준다면 또 몇 살쯤이 좋을까. 매일 스마트폰을 들고 다니는 아이들에게 적절한 시간을 지키라는 게 과연 가능할까. 게다가 이미 부모들이 스마트폰을 손에서 놓지 못하니 아이들의 접근성이 높을 수밖에 없다. 이에 대해서 아직 과학자들은 똑 부러지는 답을 내놓지 못하고 있다. 스마트폰 보급 시기를 생각하면 해결책이 나오기까지 몇 년을 기다려야 할지 모르고 그 사이에 우리 아이들은 훌쩍 커서 청년이 돼 있을 것이다.

나는 어린이 문학가이자 놀이 운동가인 편해문 선생님과 함께 이 문제를 놓고 이야기를 나눈 적이 있다. 편해문 선생님은 《아이들은 놀기 위해 세상에 온다》, 《아이들은 놀이가 밥이다》 등의 책을 쓰기도 했고 전 세계의 많은 아이들이 노는 모습을 사진에 담고 기록하고 연구하고 실천하는 분으로 내가 깊이 존경하는 분이다. 이분은 종종 '책은 아이들의 장르가 아니다. 공부는 무슨 공부, 마음껏 놀게 하라' 등의 다소 과격한 주장도 펼친다.

그에게 물었다.

"스마트폰은 어떻게 해야 할까요?"

스마트폰을 비판할 줄 알았더니 그는 뜻밖의 말을 들려주었다.

"아이들은 스마트폰으로 놀고 있는 거예요. 너무나 당연한 거 아닌가요?"

듣고 보니 정말 그랬다. 골목에서 공터에서 놀이터에서 마음껏 뛰어놀았던 아이들이 공간과 시간을 잃어버렸거나 어른들에게 빼앗겨버렸고 그 결과 이제는 스마트폰, 컴퓨터 게임을 하면서 놀고 있다는 것이었다.

"아이들은 언제나 씩씩하고 기발해서 늘 놀잇감, 장난감을 찾아내죠. 어른들은 스마트폰만 들여다보고 있다고 걱정하지만 사실 아이들이 스마트폰으로 제일 많이 하는 건 채팅이에요. 끊임없이 친구들하고 수다를 떨지요."

그러면서 이른 새벽부터 밤늦게까지, 야간자율학습부터 학원을 거쳐 독서실까지 다람쥐 쳇바퀴처럼 도는 아이들이 그나마 스마트폰으로 친구하고 수다를 떨거나 게임마저 못 하게 된다면 아마 미쳐버리고 말 것이라는 말도 덧붙였다.

그의 말에 고개를 끄덕거릴 수밖에 없었다. 아이들이 디지털 기기에 매달리게 되는 원인은 결국 어른들이 제시하고 강요한 아이들의 삶의 방식에 있었다. TV가 그랬고 비디오가 그랬고 인터넷이 그랬던 것처럼 시대에 따라 다양한 미디어들이 등장해 계속 진화해갈 것은 너무나도 자명하다. 우리 어른들도 십대 시절을 TV와 함께, 비디오와 함께 보낸 세대가 아닌가. 이제 아이들의 손에 스마트폰이라는 새로운 미디어가 주어졌다고 해서 놀랍거나 꺼릴 이유는 별로 없어 보인다.

다만, 언제나 중독이라는 이상 행동으로 발전하면 일상은 여지없이 무너지고 만다는 사실을 우리는 너무나 잘 알고 있다. 중독은 일상의 왜곡과 과도한 욕망의 결과이듯이 아이들이 스마트폰, 인터넷 게임 등에 지나치게 빠지지 않게 하려면 결국 아이들의 삶이 바뀌는 수밖에 없다.

거리에 나가 보면 스마트폰에서 눈을 떼지 못한 채 귀에는 이어폰을 꽂고 걸어가는 교복 차림의 앳된 아이들을 자주 보게 된다. 편해문 선생님의 말처럼 이들은 학교에서 학원으로 이동하는 잠깐 사이에도 놀 줄 아는 똘똘한 아이들이다. 그나마 막간을 이용해서 수다도 떨고, 놀이도 해서 다행이지만 한창 뛰어놀 나이에 저런 식으로밖에 놀지 못하는 것이 한편으로는 애처롭고 가엽고 슬프다.

우리는 눈으로 보는 것이 아니라 뇌로 본다.
눈은 마음의 창이라는 말처럼 눈은 그야말로 뇌의 창일 뿐이다.

chapter 7

아이는
전사가 아니다

"운동회가 반쪽이 되고 말았지요. 선생님은 너무 속상해서 엉엉 울고 말았고요."

홍○○ 교장 선생님의 말이다. 홍 교장 선생님은 서울 인근의 초등학교에서 근무한다. 최근에 유입되는 인구가 늘면서 아이들도 갑자기 많아졌다. 대규모 신도시와 바로 인접한 지역이라서 그런지 부모들의 교육열도 아주 높다.

반쪽 운동회 사건의 전말은 이렇다. 운동회를 앞두고 4학년 이상 고학년들이 참가하는 매스게임을 준비했단다. 약 한 달 정도의 연습 기간이 필요했는데 체육 시간만으로는 감당할 수가 없어서 담당 선생님은 수업이 끝난 뒤에 아이들에게 연습을 시켰다. 그런데 연습이 시작되고 얼마 안 있어 교장실로 전화가 빗발치기 시작했다.

"애들 학원 가야 하는데 뭐하는 거예요! 하루 이틀도 아니고."

호통에 가까운 항의 전화였다. 홍 교장 선생님은 부랴부랴 연습을 중단시키고 아이들을 돌려보냈다. 운동회 날짜가 다가오면서 담당 선생님은 마음이 급해졌다. 제대로 연습이 이뤄지지 않았기 때문이다. 그렇다고 매스게임을 뺄 수도 없었다. 결국 운동회 당일 4학년 이상의 고학년들이 참가한 매스게임은 엉망이 되고 말았다. 아이들의 동작이 하나도 맞지 않았을 뿐만 아니라 멀뚱멀뚱 서 있는 아이도 절반이 넘었다. 그리고 이번에도 엄마들의 항의가 쏟아졌다.

"아니, 담당 선생은 뭐하는 거예요. 애들 연습도 안 시키고. 무슨 운동회가 이래요."

5년차 여자 선생님은 끝내 울음을 터뜨리고 말았다. 지켜보던 홍 교장 선생님도 아무 말도 할 수가 없었다.

"5학년만 되면 아이들의 눈빛이 변해요. 그전까지만 해도 고분고분 말도 잘 듣던 아이들이 갑자기 매사를 귀찮아하고 선생님한테 반항하지요. 예전엔 사춘기를 맞은 아이들이 가끔 그러기는 했지만 이렇게 심하진 않았어요. 요즘 아이들은 도대체 왜 그러지요?"

경남 지역에서 25년 동안 교편을 잡고 있는 초등학교 선생님도 비슷한 말씀을 들려줬다. 오랜만에 1학년 아이들을 맡게 되었는데 아이들이 정말 많이 변했더라는 것이다.

"아이들이 품에 안 들어옵니더."

이 선생님은 완곡하게 표현했지만 야단을 치거나 하면 책상을 뒤엎거나 교실을 뛰쳐나가는 아이도 있다고 한다. 마음이 가장 무거워질 때는 아이들이 서슴없이 이런 말을 할 때라고 한다.

"선생님이 뭔데 그런 걸 시켜요. 선생님이 엄마예요?"

서울 강남 지역의 중학교에 근무하는 선생님은 아주 솔직한 이야기를 들려줬다.

"포기했다고 하는 것이 맞을 거예요. 아이들은 더 이상 학교를 공부하는 곳으로 여기지 않아요. 수업 시간에 잠자는 아이, 말대답하는 아이, 대드는 아이가 점점 많아지지만 선생님도 답이 없으니까 그냥 내버려두게 되지요."

'학교는 죽었다'라는 끔찍한 비판은 이미 오래전부터 있어왔다. 현장에서 만난 많은 선생님들은 이 무서운 말을 입에 올리지는 않았지만 마음으로는 받아들이고 있는 것처럼 보였다. 그리고 가늘게 남아 있는 희망을 움켜쥐고 힘겨운 투쟁을 벌이고 있었다. 무슨 거창한 투쟁이 아니다. 투쟁이란 다름 아닌 '그저 살아남기'다.

전쟁터에 놓인 아이들

지난 4년 남짓 나는 아이들의 뇌를 공부해왔다. 뇌에 대한 관심은 자연스럽게 아이들의 삶으로 연결되었고 교육 문제로 이어졌다. 그리고 이 책을 쓰기 위해 다시 한 번 현장을 취재하면서 단어 하나를 떠올리게 되었다. 바로 '전쟁'이다.

지금 이 나라의 많은 아이들이 살아가는 방식은 교육 열풍, 조기교육 광풍, 부모들의 교육 중독, 살인적인 경쟁 등 어떤 말로도 잘 설명되지 않는 지경에 이르렀다. 아이들은 지금 말 그대로 전쟁을 치르고 있다. 전쟁은 일상화되었다. 이 나라 많은 아이들의 삶에는 전쟁의 요소가 그대로 들어 있다. 연습과 훈련, 작은 전투와 큰 전투, 전술과 전략, 승리와 배제, 부상과 전사, 영웅과 패자 그리고 위로와 치유까지. 대체로 전쟁이란 탐욕이 일으키므로 그 귀결은 늘 비극이다. 개선, 영웅, 승리 등의 말들은 모두 탐욕이라는 괴물이 만들어낸 허상이다. 어른들은 전쟁 같은 삶을 살 수도 있다. 하지만 아이들의 삶이 전쟁이어선 안 된다. 한 아이의 생애를 한 번 들여다보자.

생후 6개월 갓난아기 때부터 공부를 시작한다. 만 3~4세가 되면 한글, 영어, 수학 등을 공부하고 초등학교 4학년 무렵이 되면 어느 대학에 갈지를 염두에 두고 학원을 선택한다. 이런 학원은 경쟁이 치열해서 시험을 치르고 합격해야 들어갈 수 있다. 학원 시험에 합격하기 위해 초등학교 저학년 때부터 본격적인 선행학습이 시작된다.

경쟁은 매우 치열해서 배제가 필수적으로 따라온다. 배제된 아이들은 일반 학원에 다닌다. 치열한 경쟁을 거쳐 특별한 학원에 들어간 아이들에게는 국제중학교 등의 1차 관문이 기다리고 있다. 하지만 이 단계도 경쟁이 워낙 치열하고 그야말로 특별한 계층의 전유물이 되었으므로 많은 경우 목표는 외고, 과학고, 자사고 등의 특목고로 수정된다.

이 나라에는 두 종류의 고등학교가 존재한다. 특목고와 일반고. 대부분의 지역에서 일반고는 그냥 일반적인 아이가 가는 학교가 되었다. 뛰어난 아이는 시험을 거쳐 외고, 과학고 등 특목고에 진학한다. 후보군은 더욱 좁혀졌고 실력 차이도 크지 않으므로 더욱 치열한 경쟁이 벌어진다.

　최근 서울 강남이나 분당을 중심으로 이 과정만을 컨설팅해주는 새로운 업종이 등장했다. 미래학 등으로 무장한 이들은 심리적인 기법을 이용해 아이의 특성을 파악하고 미래의 유망 분야를 장래 목표로 제시해준다. 그리고 그 목표에 도달하기 위한 나이별, 학년별 학습 프로그램과 함께 진학해야 할 학교 등을 제시한다. 그리고 드디어 본 게임이다. 서울대를 비롯한 이른바 SKY 등 명문 대학이 목표로 정해지고 20여 년에 걸친 긴 경쟁 끝에 극소수의 아이들이 목표에 도달한다.

사교육 1번지, 소아정신과 1번지

사교육은 분명히 효과가 있다. 서울 강남의 대치동이 대한민국 교육 1번지라는 타이틀을 거머쥔 것은 다름 아닌 서울대 진학률 때문이다. 서울 지역만을 놓고 봤을 때 2011년 기준 인구 1만 명당 서울대 입학생은 강남구가 173명, 서초구가 150명이다. 가장 적은 곳은 18명의 구로구다. 가장 많은 강남구와 가장 적은 구로구는 10배의 차이가 난다.[31] 전국의 읍, 면 지역까지 확대하면 그 격차는 수백 배에 이른다.

서울대에 가장 많이 합격하는 강남에는 대치동이 있고 이곳에는 인구 대비 가장 많은 수의 학원이 몰려 있다. 대한민국 교육 1번지는 학원 1번지다. 이제 더 이상 개천에서는 용이 나지 않는다. 서울대에 가는 확률을 높이려면 일단 강남에 가는 것이 맞다.

전쟁은 여기서 끝나지 않는다. 서울대는 이 사회에서 파워 엘리트로 가는 티켓이다. 얼마 전 한 언론사는 대통령, 국회의원, 장관, 의료인, 법조인, 고시합격자, 문화예술인, CEO, 대학 교수, 언론인 등 우리나라 파워 엘리트를 20개 분야로 나누고 각 분야별로 출신 대학을 분석한 자료를 발표했다. 모두 20개 분야 중에서 서울대는 대통령(육사), 프로 스포츠 감독(한양대), 올림픽 메달리스트(한국체대)를 제외한 17개 분야에서 1위였다. 문화예술인, NGO 운동가 분야에서도 1위는 서울대였다. 그리고 20개 분야 중에서 10개 분야의 1위부터 3위까지 이른바 SKY대학이 차지했다.[32]

그 화려한 이면에도 불구하고 2013년 기준으로 서울 강남에는 전국 261개 소아정신과 병원의 약 10퍼센트인 27개의 소아정신과가 몰려 있다. 물론 인구 구성과 정신과 진료에 대한 부모의 인식 등 다른 요소와도 관련이 있겠지만, 대한민국 교육 1번지에 가장 많은 소아정신과가 몰려 있다는 사실은 가볍게 넘길 일은 아니다.[33]

chapter 8

우리는 지금 초비상입니다

지금부터 들려드릴 이야기는 다소 우울하다. 아이들의 자살과 폭력, 부모와 교사의 고통, 조기교육과 사교육의 폐해 등에 대한 이야기다. 사실 지금 아이들이 겪고 있는 힘든 상황을 묘사하다 보면 자칫 교육 전체에 대해 비관적인 인상을 갖게 된다. 이는 의도하는 바가 아니다. 아직도 많은 아이와 교사와 부모는 힘겨운 상황에서도 꿈을 키우고 희망을 찾아가고 있다. 다만 언제나 있었던 걱정스러운 부분들이 최근에는 유난히 크게 느껴진다는 점을 지적하고 싶다. 아이들의 자살과 폭력이 꾸준히 늘고 있으니 함께 지혜를 모아보자는 바람은 모두가 마찬가지일 것이다. 모두가 절실하게 느끼고 있는 아이들의 교육 문제를 뇌과학이 알려준 새로운 관점으로 들여다보고자 한다.

끝없는 죽음의 행렬

"지금 우리는 초비상입니다."

강의가 끝난 뒤에 교감 선생님이 담담하게 말했다.

얼마 전, 경상북도에 있는 어느 소도시의 초등학교에서 학부모와 교사를 대상으로 독서 교육에 관한 강의를 했다. 그런데 분위기가 이상할 정도로 침울했다. 그런 경우는 별로 없었기 때문에 무척이나 힘들고 당혹스러웠다. 강의가 끝나고 머쓱해져서 교감 선생님께 물었다.

"오늘 제 강의가 재미없었나 봅니다. 반응이 시원치가 않군요."

교감 선생님은 "어데요! 아닙니다. 그게 아니고요······."라며 정색을 했다. 그날의 침울했던 분위기는 아이들의 자살 탓이었다. 몇 달 전부터 독서 교육에 관한 강의를 기획하고 준비했는데 그만 그사이에 아이들의 충격적인 자살 사건이 이어지면서 독서 교육이 자못 한가한 이야기가 되고 말았다는 것이다. 그제야 강의가 시작되기 전에 한 선생님이 연단에 올라 교사와 학부모에게 10여 분에 걸쳐서 심리 상담 프로그램을 소개하던 모습이 떠올랐다.

"도대체 무슨 일이 있었나요?"

"며칠 전에도 중학생 아이 하나가 죽었다 아닙니까. 이제는 뭘 어떻게 해야 할지 모르겠심더. 자살 예방 교육을 한다고 했는데도 보란 듯이 그다음 날에 또 일이 터졌습니더. 그것도 릴레이로 말입니더."

교감 선생님에 따르면 지난번에는 저 학교였으니까 이번에는 우리

차례일지도 모른다는 불안과 공포가 학교를 무겁게 짓누르고 있다고 했다. 이 학교뿐만 아니라 경북 지역 대부분의 초·중·고등학교들은 그야말로 전전긍긍하는 초비상 사태라고 했다.

2011년 겨울부터 1년 반 사이에 대구 경북 지역에서 스스로 목숨을 끊은 아이들은 20여 명이 넘는다. 정신과 의사들 사이에서도 '이 동네는 왜 그런가?'라는 말이 돌 정도로 심각한 파장을 몰고 왔다.[34] 사실 해당 지역으로서는 좀 억울한 면이 없지 않다. 다른 지역의 십대 평균 자살률과 크게 차이가 없음에도 비교적 짧은 기간에 자살이 잇따랐고, 또 유서를 통해 학교 폭력의 충격적인 실태가 밝혀지면서 크게 주목을 받을 수밖에 없었던 것이다.

아이들이 자살하는 진짜 이유

십대의 자살은 이제 큰 뉴스가 되지 못할 정도로 빈번해졌다. 정부 통계에 의하면 청소년 사망자 중 자살자의 비율은 2000년 약 14퍼센트였다가 10년 만인 2010년에는 약 28퍼센트로 두 배나 증가하면서 청소년 사망 원인 1위가 되었다. 1990년의 경우 자살은 청소년의 주요 사망 원인에 포함되지도 않았다. 그런데 20여 년 만에 사망 원인 1위가 된 것이다. OECD의 보고에 따르면 주요 국가의 청소년 자살률은 감소 추세인 반면 우리나라는 오히려 증가 추세라고 한다. 사실 청소년의 자살은 산업화된 국가에서 공통적으로 나타나는 사회현상이다.[35]

문제는 과도한 학습이다. 우리나라에서 스스로 목숨을 끊는 아이들이 점점 많아지는 이유는 과도한 학습 스트레스 탓이라는 지적이 많다. 정부의 통계나 각종 연구 기관 등의 보고서를 보면 한결같이 '학교 성적이나 진학 문제'가 가장 큰 원인으로 등장한다. 자살 충동을 느끼는 원인 중 약 37퍼센트를 차지할 정도다. 우리나라 아이들은 세계 어느 나라 아이들보다 학업과 진학에 대한 스트레스가 심하고, 또 그 스트레스가 시작되는 시기도 빠르다. 공부 때문에 아이들이 자살하는 것은 한국과 일본 등에서만 발견되는 매우 특이한 현상으로 국제적으로도 주목을 받을 정도다. 일본에서는 1980년대에 정점을 찍었고 우리는 지금 그 추세가 가파르게 상승하는 시점인 것이다.

그런데 아이들이 자살하는 가장 큰 원인이 분명하게 밝혀져 있는데도 이를 예방하기 위한 대책에서는 과도한 학습에 대한 이야기만 쏙 빠져 있다. 어떤 논문에서는 "과도한 학습 부담이 가장 큰 원인이기는 하지만 이는 현실적으로 어쩔 수 없는 부분이므로……"라는 고백도 등장한다. 정부가 내놓은 대책에도 이런 유보적인 태도가 넘쳐난다. 학부모들 역시 학업 스트레스에 대해서는 침묵한다. 정부 대책 가운데 일부를 살펴보자.

아이들이 자살에 이르는 주요 위험 요인과 대책

원인: 우울증, 충동성, 낮은 자존감, 가정불화, 학교 폭력, 교우 관계, 학업 스트레스, 미디어의 영향, 주변인의 자살

> **대책** : 학교와 지역사회를 기반으로 위기 관리 시스템 확립, 임상심리 등의 훈련 프로그램 강화, 국가적 차원에서 청소년 자살 예방 프로그램 개발, 관련 기관들의 효율적이고 통합적 운영을 위한 연계 체계 마련, 교육행정가의 인식 전환과 편견 해소
>
> **권고 사항** : 청소년은 자극적인 언론 등 미디어의 영향을 많이 받으므로 언론은 관련 보도 지침을 숙지하고 반드시 준수[36]

현재 정부가 내놓는 대책은 현장에서 느끼기에는 턱없이 부족하다. 아이들의 자살 원인으로 지나치게 '학교 폭력과 집단 괴롭힘'에만 주목하고 있는 것은 아닐까? 학교 폭력은 아이들이 자살하는 주요 원인이 아니다. 결코 적은 숫자는 아니지만 학교 폭력과 집단 괴롭힘으로 인한 자살 비율은 7.6퍼센트에 불과하다.[37]

마지막 절규, 제발 구해주세요

"상담한다고 아이들이 안 죽는답니까?"

서울 시내, 이른바 강남 3구에 재직 중인 중학교 교사의 말이다. 약 20년 경력의 이 교사는 가면 갈수록 너무 무섭다고 말한다. 교사나 아이들 모두 종종 들려오는 슬픈 소식에 대해 대체로 체념하는 분위기이고 그저 내 주변에서 그런 일이 일어나지 않기만을 바랄 뿐이라고 했다. 그는 이런 말도 덧붙였다.

"얼마 전에 자살한 어떤 아이는 학원에 다니기 힘들다는 유서를 남겼어요. 그 아이는 방학 동안에 학원을 세 군데 다니면서 매일 학교에 나가 자율학습까지 했어요. 그런데 이 동네에서 그 정도로 하지 않는 아이는 거의 없지요. 아이들은 너 나 할 것 없이 늘 공부에 대한 스트레스에 시달려요. 사실 과거에도 그랬지요. 그런데 지금은 아이들이 그런 스트레스를 견디게 하는 장치들이 사라진 것 같아요.

집에서조차 위로받기는커녕 부모님들의 감시와 채근에 시달리죠. 성적이 원하는 만큼 나오지 않으면 충동적으로 자살을 선택하는 것 같아요. 워낙 주변에서 많이 보니까 죽음에 대해 두려움을 느끼기보다는 그냥 따라 하는 것 같아요. 차라리 죽으면 공부를 하지 않아도 되겠구나, 그렇게 생각하는 거죠."

많은 전문가들은 아이들의 자살을 '제발 저를 구해주세요(Cry for help)'라는 마지막 절규에 따른 행동으로 받아들여야 한다고 말한다. 극심한 스트레스 상황에서 출구가 보이지 않을 때, 또 자신을 바라봐주는 사람이 아무도 없다고 느낄 때 우울, 무기력 등의 정신 장애가 나타나고 청소년의 특성인 강한 충동성이 작용하면 극단적인 선택에 이른다는 것이다.

1980년대에 중·고등학교를 다녔던 기억을 돌이켜보면 당시의 분위기는 지금보다 더 강압적이고 혹독했다. 빡빡머리에 시커먼 교복으로 상징되는 폭력적인 규율, 거의 일상이 되어버린 가혹한 체벌. 풍요롭지도 않아서 먹을 것, 입을 것, 신을 것 그 무엇도 변변하지 않았다.

그래도 교통사고나 수영을 하다가 사고를 당했다는 이야기는 종종 있었어도 아이들이 자살했다는 이야기는 들어본 적이 없다. 그래서 학교에서도 평소에는 교통안전 교육을, 여름방학 전에는 수상 안전 교육을 실시했던 기억이 난다.

1980년대 초반 우리나라 십대의 사망 원인 중 자살은 약 8퍼센트 정도를 차지했다. 그런데 30여 년이 지난 지금은 세 배가 넘는 약 28퍼센트를 차지하면서 청소년 사망 원인 1위가 되었다.[38] 삶은 더 풍요로워졌고 폭력적인 규율도 사라졌으며 가혹한 체벌도 없어졌다. 그런데도 점점 많은 아이들이 세상을 버리고 있다. 그리고 아이들은 '제발 구해달라'고 절규하고 있다. 하지만 아이들의 절규는 사회에 전달되지 않고 있다.

우리는 과연 잘살게 된 것인가. 자살하는 십대를 산업화된 사회에서 어쩔 수 없는 경쟁의 희생양이라고 그냥 방치해도 되는 것인가. 아이들이 행복하다고 느끼게 하면 안 되는 것인가. 지금 우리가 물어야 할 것은 무엇일까.

©Tommy Wong

아이들은 지금 말그대로 전쟁을 치르고 있다.
전쟁은 일상화되었다.
연습과 훈련, 작은 전투와 큰 전투, 전술과 전략, 승리와 배제,
부상과 전사, 영웅과 패자, 그리고 위로와 치유까지.

chapter 9

뇌가 망가진 아이들의 폭력사회

아이들의 자살 못지않게 무서운 것은 아이들의 폭력이다. 2012년 정부는 '정부 합동 학교 폭력 근절 종합 대책'이라는 것을 발표했다. 국무총리가 밝힌 대국민 담화의 주요 내용은 다음과 같다.

학교 폭력 근절 종합 대책

1. 교권을 강화하는 데 중점
- 가해 학생 즉시 격리 조치, 출석 정지 일수 제한 폐지
- 징계 사항 생활기록부 기재 등 교사에게 많은 권한을 부여
- 복수 담임제 도입, 전문 상담 인력도 크게 늘려나갈 것
- 학교나 교원 평가 시 조치 실적을 반영하고 지원도 확대

- 학교 폭력을 은폐하는 경우에는 학교장과 관련 교원을 반드시 징계
- 선생님들이 스스로 변화하지 않으면 아무 소용이 없음

2. 사회의 모든 구성원들이 함께 참여하고 힘을 모으는 추진 틀 마련
- 학교에만 짐을 지우고 모두가 방관한 탓
- '학교 폭력 지역대책협의회'를 신설하고 전국의 Wee 센터와 '지역사회 청소년통합지원체계(CYS-Net)'를 'One-stop 통합지원센터'로 지정해 운영
- 학교 폭력 신고 전화를 경찰이 운영하고 있는 '117'로 통합

3. 처벌의 엄격함
- '가해 학생'과 관련해서는 학교 폭력 실태를 조기에 파악하여 일진회 등 학교 폭력 서클을 발본색원
- 보복 행위는 가중 징계 등 엄중 처벌

그렇다면 종합 대책이 발표된 이후 학교 폭력은 줄어들거나 근절되었을까? 서울 지역 일선 교사들의 말을 들어보자.

"학교 평가, 일제 고사 등 학습에 대한 부담이 커졌어요. 아이들이 더 거칠어졌고 티격태격 다투는 경우가 많아졌어요."

실제로 1년 반이 지났지만 학교 폭력은 나아지지 않았다. 오히려 늘어난 지역도 있다. 원인은 전혀 엉뚱한 곳에서 나타났다. 일부 지역에

서는 학습에 대한 부담이 가중된 것이다. 정부에서는 근절 대책을 만들어 시행하고 있지만 광역 교육청마다 교육감의 정책이 달랐다. 특히 일부 광역 교육청이 학업 성취를 강조하면서 시행한 학업 관련 조치들에 의해 아이들의 폭력 성향이 다르게 나타났다. 사실 아이들이 폭력적인 상황에 놓이게 되는 근본 원인은 자살과 마찬가지로 학습에 대한 스트레스다.[39]

"정부에서 대책을 발표하고 경찰이 단속을 강화했어요. 학교 근처에 순찰도 더 자주 나오고요. 그런데 아이들이 뭐라는지 아세요? '저거 얼마나 가는지 내기할까?' 자기네들끼리 그래요. 흐지부지될 거라고요. 아이들이 더 잘 알아요."

서울의 한 일선 교사의 말이다.

학교 폭력 대신 십대 폭력

서울 송파구에 살고 있는 어느 여중생이 최근 겪은 학교 폭력은 영화에나 나올 것처럼 충격적이다. 피해 여학생은 중학교 1학년 때부터 매달 6만 원을 선배에게 상납했다. 여학생은 6만 원을 마련하기 위해 자신의 용돈을 탈탈 턴 것은 물론이고 때로는 부모님 몰래 아르바이트도 했다. 지난해 선배라는 학생은 학교 폭력 가해 학생에 대한 단속과 처벌이 강화되자 부모에 의해 인도네시아의 외국인 학교로 보내졌다. 그런데 피해 여학생은 선배가 멀리 인도네시아로 떠난 뒤에도 꼬박꼬박

상납을 멈추지 않았다. 한국에서 위협에 시달렸을 때는 그렇다 쳐도 선배가 인도네시아로 떠났는데도 왜 돈을 상납했을까.

선배는 인도네시아에서 매일 인터넷 메신저로 피해 여학생을 감시했다. "O시까지 집에 와서 컴퓨터 앞에 앉아라. 내가 직접 확인한다", "만약 돈을 보내지 않으면 네가 모르는 아이들을 시켜서 쥐도 새도 모르게 죽여버리겠다"는 메시지를 보낸 것이다. 피해 여학생은 늘 불안과 공포에 시달리면서 인도네시아의 선배가 시키는 대로 매일 같은 시간에 집에 돌아와서 컴퓨터 카메라로 확인을 받고 돈을 상납했다. 인도네시아의 선배는 이런 식으로 여러 명의 아이들에게서 매달 수십만 원을 상납받았다.

아이의 행동을 이상하게 여긴 피해 여학생의 아버지가 이런 사실을 알게 되었다. 피해 여학생의 아버지는 교사였다. 격분한 아버지는 직접 인도네시아로 날아가 선배라는 학생을 찾아냈다. 그런데 선배라는 학생으로부터 더욱 기가 막힌 이야기를 듣게 된다. 그 가해 학생은 자신이 한국의 아이들에게서 상납받은 돈을 태국 방콕의 국제학교에 다니는 또 다른 선배에게 상납했고, 방콕의 선배는 다시 서울에 있는 또 다른 선배에게 이 돈을 상납했다. 이른바 총책이라고 할 수 있는 서울의 선배는 이런 식으로 한 달에 수백만 원을 상납받았다고 한다. 좀처럼 믿기 힘든 일이지만 실제로 벌어진 일이다.

교사들은 말한다. 언론 등에 소개되는 폭력은 빙산의 일각이라고. 모두들 알면서도 쉬쉬하는 엽기적인 사건들이 더 많다고. 그렇기에 그 모두가 밝혀지는 것은 아무도 바라지 않는다고. 이것이 바로 아이들이 겪고 있는 폭력의 민낯이다.

흔히들 말하는 학교 폭력이라는 용어에도 동의할 수가 없다. 이제부터는 학교 폭력 대신 십대 폭력이라고 고쳐 부르자고 제안하고 싶다. 아이들이 폭력적인 맥락에 놓이게 된 것은 교사나 학교의 잘못이 아니다. 학교를 중심으로 일어난다고 해서 학교 폭력이라고 부른다면 버스에서 일어나는 폭력은 버스 폭력이고 분식집에서 일어나는 폭력은 분식집 폭력이며 놀이터에서 일어나는 폭력은 놀이터 폭력이라고 불러야 하는가.

스탠퍼드 감옥 실험이 보여준 폭력적 본성

상황이 이러니 애초에 아이들의 폭력을 가해자와 피해자로 구분하고 가해자를 범죄자 솎아내듯이 발본색원하겠다는 발상은 빗나간 대책일 수밖에 없었다. 이런 대책이 나온 것은 인간에 대한 이해가 부족했기 때문이다. 스탠퍼드 감옥 실험(The Stanford Prison Experiment)은 인간이 어떤 존재인지를 알려준다.[40]

1971년 필립 짐바르도(Philip Zimbardo) 교수는 학교 안에 실제 감옥과 비슷한 세트를 설치하고 말 그대로 감옥 실험을 진행했다. 실험에 참가할 사람은 캘리포니아 주 전체에 공고를 내서 모았다. 짐바르도 교수는 지원자 중에서 심리적으로 안정되고, 육체적이거나 정신적인 장애가 없으며, 과거 범죄나 약물 남용 이력이 없는 남자 24명을 선발했다. 24명은 모두 미국과 캐나다의 중산층 가정 출신으로 좋은 교육을 받은 남자 대학생들이었다.

이들 가운데 일부에게는 감옥의 간수 역할이, 나머지에게는 죄수 역할이 주어졌다. 실제 감옥처럼 죄수와 간수 복장을 착용하게 하고 일부 가혹 행위도 인정했다. 첫날, 순조롭게 진행되는 듯했던 실험. 하지만 둘째 날부터 끔찍한 폭력 사태가 일어나기 시작했다. 죄수 역할을 맡은 참가자들이 굴욕적인 대우와 가혹 행위를 견디지 못하고 반란을 일으킨 것이다.

이때부터 간수 역할을 맡은 참가자들도 역할에 몰두하기 시작한다. 그들은 규정을 위반하고 소화기 등을 동원해 죄수들의 반란을 진압한다. 그리고 사흘째, 극도의 정서적 곤란을 겪은 한 죄수가 석방되자 간수들은 격앙된 상태로 돌변한다. 이들은 스스로 규칙들을 제정하기 시작했는데 놀랍게도 나치 유대인 수용소의 규칙과 거의 유사했다. 간수 역할을 맡기 전에는 어떤 사전 지식이나 전문 지식도 없는 평범한 대학생들이었는데도 말이다. 점점 자신의 역할에 충실해지는 간수들과 탈옥을 시도하는 죄수들로 인해 끔찍한 폭력 사태는 걷잡을 수 없는 상황으로 치닫는다.

더욱 충격적이었던 것은 실험 감옥의 소장 역할을 맡았던 짐바르도 교수 자신조차도 폭력 사태에 흡수되고 있었다는 점이다. 그는 윤리적인 문제를 망각하고 피험자들의 폭력적인 행위를 관찰하기만 했다. 나중에 마슬락이라는 대학원생이 짐바르도 교수에게 윤리적 문제를 제기하자 비로소 실험은 종료되었다. 결국 2주로 예정되었던 실험은 마슬락의 문제 제기로 인해 6일 만에 끝났다.

짐바르도 교수는 실험의 결과를 정리한 논문에서 "폭력적인 인간은 없다. 다만 폭력적인 맥락(context)만이 있을 뿐이다"라는 결론을 제시했다. 즉 폭력적인 맥락에 놓이게 되면 인간은 누구나 야수로 돌변할 수 있다는 것이다. 이 실험은 인간의 본성에 대해 현대 심리학이 던져준 가장 중요한 발견의 하나로 기록되었다. 그리고 나치의 유대인 홀로코스트 등을 악마의 소행으로 여겼던 인류에게 그것 역시 인간의 행위였음을 깨닫게 해주는 계기가 되었다.

인간에 대한 이해만이 폭력의 맥락을 제거할 수 있다

필립 짐바르도의 감옥 실험과 그 끔찍한 결과를 지금 아이들이 겪고 있는 폭력 사태와 비교할 수 있다. 이 나라의 십대들이 벌이고 있는 엽기적인 폭력 사태는 폭력적 맥락이라는 관점에서 바라봐야 한다. 폭력적 맥락은 그대로 놓아둔 채 가해자만을 철저히 격리하면 폭력이 사라질 것이라고 보는 시각은 인간이 어떤 존재인지를 고려하지 않은, 권력에 의한 또 하나의 폭력에 가깝다.

우리는 우리 사회의 십대들이 마치 거대한 늪과도 같은 폭력적인 맥락에 놓여 있다는 사실을 직시해야 한다. 아이들은 이미 유치원에 들어가기 전부터 이른바 조기 사교육시장을 거치면서 성장한다. 많은 아이들의 뇌 건강은 이미 정상이 아니다. 그 주된 원인은 스트레스다. 부모의 스트레스가 아이에게 그대로 전이되고 있고, 학습 중심의 조기 사교육이 스트레스를 부추기고 있다. 그 결과 아이들의 정신, 즉 뇌는 건강하게 자라고 있지 못하다. 아이들의 자살은 그 결과다.

• PART 2 •

잘못된 믿음
• 아이들의 뇌를 두고 벌어진 일 •

chapter 10

뇌에 대한 오래된 신화, 아이를 망치다

"3세, 아이의 뇌는 거의 완성된다."
"모든 아이는 천재로 태어난다."
"아이의 지능은 무한하다."
"영·유아기는 두뇌의 시냅스 네트워크가 완성되는 인생에서 가장 중요한 결정적 시기(critical period)다."

상식처럼 여겨지는 말들이다. 하지만 실상은 오래되고 낡은 가설들일 뿐이다. 안타깝게도 우리의 아이들은 이 낡고 오래된 가설에 의해 고통받고 있다.

오래된 가설과 뇌의 신화

OECD는 지난 2007년 〈뇌의 이해-학습 과학의 탄생〉과 〈뇌의 이해-새로운 학습 과학을 향하여〉라는 제목의 보고서를 발표했다. 이 보고서는 OECD의 CERI(Center for Educational Research and Innovation)라는 기구에서 1999년부터 진행한 국제 공동 연구 프로젝트의 결과물이다. 10여 개국 출신의 뇌과학 분야 전문가들(neuroscientists)이 프로젝트에 참여했다. 그런데 이 보고서에는 흥미로운 용어가 등장한다. '뇌의 신화(neuromyths)'라는 용어다.[1] 직역하면 '신경계 신화'로, 실제로 그렇게 쓰이기도 하지만 이 책에서는 '뇌의 신화'로 소개하고자 한다.

여기에서 '신화'란 과학과는 거리가 멀다는 뜻이다. 사이비 과학이거나 한때는 과학적인 가설로 여겨졌지만 증거가 희박하거나 전혀(never) 발견되지 않아 의미가 없어졌다는 뜻이다. 그럼에도 불구하고 여전히 과학 이외의 분야에서 활발하게 유통, 소비되고 있다.

OECD는 뇌에 관한 정보가 남용, 오용되는 흐름을 경고하고 이에 걸맞은 가이드라인을 제시하기 위해 국제 공동 연구 프로젝트를 진행했다. 그런데 OECD가 교육 분야에서 국제 공동 연구를 진행하고 그중에서도 특히 뇌에 주목한 데는 그럴 만한 사정이 있었다. 지난 30여 년간 뇌과학이 비약적으로 발전했다고는 하지만 여전히 인간의 뇌, 특히 아이의 뇌에 관해서는 알려진 것보다 밝혀지지 않은 부분이 훨씬 많기 때문이다. 그럼에도 특히 교육 분야에서는 뇌와 관련된 지식과

정보의 소비와 수요가 점점 커지고 있다. 그와 동시에 '뇌는 공부하는 신체 기관'이라고 여기는 경향도 점점 심화되었다. 유럽이나 미국의 경우에도 1990년대 중반 이후 뇌과학 분야의 실험 결과들이 교육시장에서 섣불리 상품화, 제품화되거나 교육이나 보육 정책에 성급하게 도입되는 경향이 두드러졌다. 그로 인해 불필요한 사회적 비용이 지출된 것은 물론이고 아이들의 교육에 긍정적인 영향보다는 부정적인 영향을 미치는 사례가 많아졌던 것이다.

우리는 아직 아이의 뇌를 모른다

두 편의 보고서는 역설적이게도 '우리는 뇌에 대해서 아직 잘 모르고' 있다는 뇌과학자들의 고백이기도 하다. 이 보고서에 등장하는 뇌과학자들은 '제발 실험실에서 드러난 과학적 결과들을 곧바로 교육 현장, 교육 정책에 적용하지 마세요! 우리는 인간의 뇌에 대해 이제야 겨우 우리가 무엇을 모르는지를 알게 되었을 뿐입니다! 모르는 것이 더 많아요'라고 호소하고 있다. 보고서에서 지적하고 있는 뇌의 신화가 이미 수정된 낡은 가설임에도 교육 정책을 결정하는 관료, 교육자, 교육 산업 종사자, 부모 등에게서 여전히 강력한 믿음을 얻고 있다.

보고서는 딱딱한 학술 용어 대신 익숙한 대화체로 여덟 가지 뇌의 신화 를 소개한다. 한 번쯤 아래 이야기를 들어봤다면 독자 여러분도 뇌의 신화에 낚인 것이다.

뇌에 관한 여덟 가지 신화[2]

1. 세 살 무렵이면 뇌에서 중요한 거의 모든 것이 결정되기 때문에 낭비할 시간이 없다.

   There is no time to lose as everything important about the brain is decided by the age of three.

2. 무엇인가를 배우는 데는 결정적인 시기가 있다.

   There are critical periods when certain matters must be taught and learnt.

3. 어디선가 '우리는 평생 뇌의 10퍼센트밖에 사용하지 못한다'는 내용을 읽은 적이 있다.

   But I read somwhere that we only use 10% of our brain anyway.

4. 나는 좌뇌형이고 그녀는 우뇌형 인간이다.

   I'm a left-brain, she's a right-brain person.

5. 직시하라! 남성과 소년들은 여성, 소녀들과 다른 뇌를 갖고 있다는 사실을.

   Let's face it - men and boys just have different brains from woman and girls.

6. 어린아이의 뇌는 한 번에 한 가지 언어만 배울 수 있다.

   A young child's brain can only manage to learn one language at a time.

7. 당신의 기억력을 향상시켜라!
   Improve your memory!
8. 잠자는 동안에도 학습하라!
   Learn while you sleep!

OECD 보고서가 뇌의 신화 중에서도 가장 먼저 꼽은 것이 바로 '3세 신화'다. 이른바 '만 3세 무렵에 뇌의 발달과 관련된 거의 모든 중요한 것이 결정된다'는 믿음이다. 1990년대 중반 미국, 유럽 등의 대중들에게 알려지기 시작한 이 말은 지금은 거의 상식처럼 자리를 잡았다. 우리나라 역시 예외일 수 없다. 그리고 이렇게 만들어진 믿음은 조기교육, 조기 학습의 근거로 작동한다.[3]

아마 이 책을 읽고 있는 독자 여러분 중에도 '그럼 그게 아니었어?'라고 어리둥절하게 여길 분이 적지 않을 것이다. 영·유아기 어린아이들의 뇌에서 일어나는 드라마틱한 변화는 인간의 아이라는 특별한 존재가 얼마나 소중하고 귀한 존재인지를 알려준다. 하지만 이는 생명의 신비에 관한 과학적 설명, 그것도 아주 부분적인 설명일 수는 있어도 조기교육이나 학습의 근거는 될 수 없다.

어린이들의 뇌에서 일어나는 드라마틱한 변화는
인간의 아이라는 특별한 존재가 얼마나 소중하고 귀한 생명체인지 알려준다.
그래서 뇌에 대한 잘못된 신화들은 아이의 잠재력을 망쳐버리기 쉽다.

chapter 11

3세 신화의 기원

　　　　　　뇌가 오랜 진화를 거치면서 신비로운 전략을 갖게 된 것은 인간의 생애가 신비롭기 때문이다. 생애는 예측할 수 없는 무한한 변화 안에서 지속된다. 뇌는 단 한순간도 쉼 없이 이어진 무한한 변화가 스며들어 만들어진, 그 자체로 짧은 생애와 삶의 결과다. 그 삶은 의지대로 이뤄지지 않는다. 인간을 둘러싸고 있는 다른 수많은 존재들에게 영향을 받는 것이다. 3세 신화가 힘을 얻고 상식으로 자리 잡은 데는 생애라는 거대한 신비를 의지로 조작하려는 근대 이후의 욕망이 큰 역할을 했다.

3세 신화와 교육의 잘못된 만남[4]

3세 신화는 1990년대 중반 미국을 배경으로 본격적인 사회 이슈로 주목받기 시작했다. 미국 정부는 1960년대부터 헤드 스타트 프로그램을 추진해왔다. 이 프로그램은 주로 저소득층의 영·유아를 대상으로 시행되었다. 모든 산업화된 국가에서 공통으로 나타나는 현상 중에 하나가 '어린이의 빈곤화'다. 선진국의 경우에도 경제 규모와 평균 국민 소득은 늘어나는데도 어린이의 빈곤율은 점점 높아지는 것이 일반적인 현상이다.[5]

> **헤드 스타트 프로그램**(Head Start program): 1964년 존슨 행정부 때 시작된 아동 보육 프로그램이다. 현재 연방 정부의 지원금으로 이 프로그램을 운영하는 기관은 1570곳이며, 빈곤가정이 손쉽게 접근할 수 있는 센터만도 1만 8000여 개소에 달한다.

어린이의 빈곤화란 사회 양극화가 심화되면서 빈곤층 어린이들이 교육은 물론 기본적인 의식주 문제로부터 소외되는 현상을 가리킨다. 빈곤 아동들은 제대로 돌봄을 받지 못하는 것에 그치지 않고 자퇴나 퇴학, 자살, 알코올이나 약물 중독, 비행, 조기 임신 등의 2차 문제에 직면한다. 자라면서 교육받을 기회를 잃게 됨에 따라 어른이 되어서도 제대로 직업을 갖지 못하게 되고, 이는 결국 빈곤의 악순환을 가져온다.

미국 정부가 추진한 헤드 스타트 프로그램의 목적은 빈곤층 어린이의 사회성, 학습 능력, 건강과 영양 수준을 개선해서 일반 가정의 어린이들과 같은 지점에서 출발하도록 지원하는 것이었다. 프로그램은 그에 따라 빈곤층 아이들에게 다양한 서비스를 제공하는 것을 주 내용으로 인지와 언어 발달 기회 제공, 의료와 정신 보건 서비스 지원, 적절한 영양소 섭취 환경 마련, 사회 인프라 확충 등으로 이뤄진다.

헤드 스타트 프로그램은 1980년대 지방정부의 역할을 강조하던 레이건 정부 시대를 거치면서 정부의 재정 축소로 그 예산이 대폭 줄어들었다. 1990년대 집권한 클린턴 정부는 예산을 다시 늘렸다. 그 결과 1995년에는 1990년도에 비해 예산이 두 배 이상 늘었고 2000년대 중반에도 큰 폭으로 늘었다.[6]

'3세 무렵 뇌의 대부분이 완성된다'는 3세 신화는 바로 이 시기에 등장했다. 애초의 목적은 자녀 교육을 등한시하는 빈곤층 부모들에게 영·유아 교육의 중요성을 강조하는 것이었다. 이 무렵 미국의 영·유아 교육학계, 발달심리학 분야 등을 중심으로 조기교육에 대한 논의가 활발하게 이뤄지기도 했다. 3세 신화의 대중적 확산에는 미디어가 특히 큰 역할을 했다. 1993년 8월 〈워싱턴 포스트(Washington Post)〉지에 실린 '외국어, 수학, 악기 학습은 이 시기에 훨씬 더 쉽다(Learning a foreign language, math, a musical instrument is much easier during this time)'라는 제목의 칼럼이 그 기점이었다. 주로 과학과 자녀 교육 분야의 기사를 많이 써서 대중적 영향력을 얻은 로널드 코트락(Ronald Kotulak) 같은 저널리스트가 시냅스의 밀도 등 전문 용어를 일반인들이 보는 신문 칼럼에 사용하면서 대중들도 쉽게 받아들이게 되었다.

1996년 〈뉴스위크(Newsweek)〉지에 실린 기사도 이에 못지않은 대중적인 반향을 불러일으켰다. '당신 아이의 뇌(Your Child's Brain)'라는

1996년 〈뉴스위크〉지에 실린 기사

제목의 이 기사는 시냅스의 형성과 밀도 등을 언급하면서 조기교육의 중요성을 강조했다.[7] 이렇게 아이의 뇌 발달과 관련된 내용들이 각종 미디어에 연속 기사로 등장해 당시 뇌과학자들의 연구가 외부에 자세히 알려지게 되었다. 대중들도 미디어를 통해 아이의 뇌, 특히 시냅스 등에 관한 정보를 접하면서 깊은 관심을 보였다. 때마침 정부의 예산이 확충되고 연구 프로젝트도 크게 늘어나자 영·유아 교육, 발달심리학, 유아심리학 분야에서도 적극적으로 시냅스와 관련된 뇌 연구의 결과들을 수용하기 시작했다.

아이 키우기, 잃어버린 것과 얻은 것

결국 미국 정부는 빈곤층과 사회적 약자들(disadvantage)이 아이에게 좀 더 관심을 가지게 하려는 의도로 헤드 스타트 프로그램을 홍보하며 조기교육의 중요성을 강조했던 것이다. 그러나 시간이 흐르고 1990년대 중반을 넘어서면서 교육계가 받아들인 뇌과학의 최신 정보들은 이

제 평범한 보통 아이들을 위한 교육산업 등에 적용되기 시작했다. 이른바 상품화, 산업화된 영재 교육 프로그램 등이 앞다퉈 등장하기 시작한 것이 이후의 상황이다.

현재 아이를 둔 가정의 필수 교양이 되어버린 아이들의 지능 발달, 두뇌 발달 프로그램은 대부분 1990년대 중반 이후 미국 등지에서 개발된 것이다. 미국 정부가 어린이의 빈곤화로 인한 피해를 줄이기 위해 예산을 늘리고 정책을 확대한 결과가 우리의 영·유아 교육산업에도 영향을 끼친 것이다.

1990년대 중반 우리나라에서는 이른바 '영·유아 보육 선진화' 방안 등이 제기되기 시작했다. 새로 법률이 제정되었고 그에 따라 구체적인 정부의 정책 등도 마련되었다. '선진화'의 핵심은 가정에서 돌보던 아이들을 기관에서 돌보게 한다는 것이었다. 그 결과 어린이집 등이 크게 늘었다. 1995년 약 9000개였던 어린이집은 2000년 1만 9000여 개로 늘었고 10년이 지난 2010년에는 약 3만 8000개에 이르렀다. 어린이집에 다니는 어린이 숫자 1995년 약 30만 명에서 2010년 약 130만 명으로 네 배 이상 크게 늘었다.[8]

이전에는 5세 이상 어린이들이 유치원에 다니는 것이 영·유아 교육의 핵심이었다면 1990년대 중반을 지나고는 만 2세 무렵부터 어린이집에 다니는 아이들이 급증하게 되었다. 이는 일하는 여성이 늘어나면서 생긴 불가피한 현상이라는 측면도 있지만 영·유아 교육의 초(超) 조기화라는 한국적인 기현상을 낳는 계기로 작용했다.

chapter 12

아이 한 명,
여섯 개의 지갑

여섯 개의 지갑, 식스 포켓(six pocket)이란 말이 있다. 이 말은 영·유아 관련 업계에 새로 등장한 마케팅 용어다. 아이 한 명에 친할아버지 할머니, 외할아버지 할머니, 아빠 엄마, 이렇게 여섯 명이 따라다니므로 영·유아야말로 주목해야 하는 VIP고객이라는 뜻이다. 그래서 아예 VIP를 BIP(Baby Important Person)로 바꿔 부르기도 한다. 이뿐만이 아니다. 이모와 고모들까지 포함하면 골든 포켓(golden pocket)이 된다. 결혼을 미룬 이모와 고모들은 조카를 위해서 소비를 아끼지 않으므로 이들을 포함해 골든 포켓이라고 부르는 것이다. 저출산 현상이 심화되면서 한 자녀 가족이 마케팅의 주요 타깃이 되고 있다.[9]

이런 현상은 조기 사교육시장에서도 예외가 아니다. 흔히 사교육시장이라고 하면 중·고등학생 대상의 입시 사교육을 떠올린다. 하지만 2000년대 중반 영·유아와 초등 사교육시장이 입시 사교육시장을 추월하기 시작했고 그 규모만도 20조 원을 넘어섰다. 규모가 커지면서 영·유아 조기 사교육 분야는 중요한 산업으로 성장했다. 중견 출판사 등이 대부분이었던 아동출판사들은 2000년대 중반에 이르면서 대기업으로 성장했다. 해외 자본이 국내 사교육시장에 진출한 것도 이미 오래전의 일이다.

투자자들이 본 교육산업

일부 사교육업체가 증권시장에서 주요 종목, 돈이 되는 종목으로 떠오르면서 증권사의 애널리스트들도 정기적으로 리포트를 내고 있다. 그런데 역설적이게도 아동학과 정신의학 전문가들의 진단과 분석을 읽을 때보다 더 쉽고 선명하게 지금 아이들이 겪고 있는 조기교육, 사교육 문제의 사회적 맥락을 파악할 수 있다. 시장은 아이들의 뇌와 마음이 망가지는 끔찍한 부작용과 주거비와 함께 우리나라 가계를 비틀거리게 하는 심각한 교육비 지출 등에는 관심이 없다. 오히려 조기 사교육으로 인해 아이들의 정신 건강이 의심되므로 이와 관련한 서비스 산업 등이 신규 시장으로 떠오르기를 기대하고 있는 것처럼 보인다. 주요 대목을 인용해보자.

2007년, ○○금융그룹[10]

— 사교육시장의 성장세는 지속되며, 중등과 함께 유아 교육시장의 성장 잠재력이 가장 높음
— 영·유아 교육시장은 선진국 대비 사교육 기관 재적률이 낮아 향후 높은 성장 가능성이 기대됨
— 높은 교육열에도 불구하고 공교육에 대한 불만이 높아 OECD 주요 국가 중 GDP 대비 사교육비 지출 비중은 1위이며 가구당 지출 대비 사교육비 비중도 꾸준히 상승
— 출산율 감소로 아동당 교육비 비중이 상승하고 어학과 이공 계통의 유아 교육 수요가 증가하면서 사설 교육기관들은 사업 다각화와 주변 시장 진출을 빠르게 준비 중

2012년, ○○투자증권[11]

— 전통 사교육시장 내 영·유아, 초등과 성인 교육시장 중심의 성장
— 신규 사교육시장의 성장 모멘텀 충분!

2012년, ○○증권[12]

— 프리미엄 사교육 서비스에 대한 니즈 증대
— 맞벌이 가구 비중과 소득 대비 교육비 지출 비중이 함께 움직여 온 추세에서 볼 수 있듯 맞벌이 가구의 사교육에 대한 의존도 증가
— 보육을 대신할 수 있는 전문화된 관련 분야 수요 증가

위의 리포트들이 제시하는 분석과 전망을 간단하게 정리하면 첫째, 사교육 의존도는 더욱 높아질 것이다. 둘째, 특히 영·유아 교육시장이 가장 크게 성장할 것이다. 셋째, 그 원인은 여성의 사회 진출 확대와 저출산이다. 교육을 상품, 시장으로 보는 관점에는 동의할 수 없지만 그 분석과 전망에는 깊이 동의한다.

여성의 사회 진출이 활발해지면서 인류의 오래된 습관인 양육 방식이 순식간에 바뀌었다. 영국의 옥스퍼드와 케임브리지 대학교가 1940년대에 이르러서야 여학생을 받아들이기 시작했다거나 1948년 무렵 영국 상원이 여학생들에게 과연 학위를 줘야 하는지를 진지하게 논의했다는 사실에서도 알 수 있듯이 여성의 사회 진출은 오래된 이야기가 아니다. 600만 년의 인류 역사 중 불과 70여 년 사이에 벌어진 급격한 변화를 좇아 우리는 유전자에 기록되었음 직한 오래된 양육 방식을 던져버렸다. 이런 변화는 인간의 뇌가 감당하기에는 벅차다.

우리나라는 1990년대 중반 이후에야 여성의 본격적인 사회 진출이 이뤄지기 시작했다. 수천 년 동안 지속되어왔던 대가족 중심의 전통적인 양육 방식과 교육 방식, 즉 여럿이 함께 아이를 키우던 방식은 불과 수십 년 사이에 엄마, 아빠가 모든 역할을 떠맡아야 하는 상황으로 바뀌었다. 대가족이 사라지면서 그 역할을 시장이 대체할 수밖에 없는 현실은 우리 사회의 다른 많은 분야에서처럼 불가피한 측면이 있다. 하지만 시장은 치명적인 약점을 갖고 있다. 바로 좀체 제어되지 않는 탐욕이다.

불안을 먹고 자라는 조작된 수요

우리는 부모들의 불안을 먹고 성장하는 교육시장의 악마성에 주목해야 한다. 경제학에는 조작된 욕망 혹은 수요(manufactured demand)라는 개념이 있다. 거칠게 해석하면 '필요에 의한 합리적인 소비'라기보다 과장된 정보에 의한 불필요한 소비'라고 할 수 있다. 지금 한국의 교육시장은 바로 이 조작된 욕망이 지배하는 시장이다.

조작된 수요를 잘 보여주는 사례가 바로 생수시장이다. 흔히 수돗물은 청소, 샤워, 설거지용으로 주로 사용될 뿐, 수돗물을 음용하는 사람은 거의 없다. 그 결과 많은 소비자들은 생수를 마시거나 정수기를 구입한다. 그런데 얼마 전 한 언론사가 실시한 조사 결과는 흥미롭다. 하루 동안 행인들을 대상으로 수돗물, 생수, 정수기 물을 놓고 블라인드 테스트, 즉 눈을 가리고 물맛을 품평하는 간단한 실험을 진행했다. 결과는? 차이가 없었다. 세 가지 물 모두 사람들에게 골고루 가장 맛있는 물로 선택받았다.[13] 수돗물을 골랐던 사람들은 당연히 매우 놀랐다. 눈을 가렸더니 수돗물이 가장 맛있는 물로 느껴졌던 것이다. 품질에는 별 차이가 없다는 반증이다. 미국의 어떤 지역에서도 수돗물과 판매하는 생수, 두 가지만을 놓고 비슷한 조사를 실시했는데 무려 80퍼센트 가까운 사람들이 더 맛있는 물로 수돗물을 선택했다.

수돗물은 더러운 물이니 생수나 정수기를 이용해야 한다는 생각은 생수업체와 음료 자본의 발명품이다. 그래서 그들은 소비자의 불안을 끊임없이 자극한다. 모든 광고가 '맛있고 안전한 물'에 집중된다. 1990년대 해외여행이 보편화되면서 미국이나 유럽 사람들이 돈을 주고 물을 사먹는 것을 보며 신기해하던 기억이 있다. 당시만 해도 불과 20여 년 사이에 우리도 그렇게 바뀔 거라고는 생각하지 못했었다. 우리는 수돗물보다 80배 정도나 더 비싼 생수를 구입하거나 또는 정수기 물을 음용수로 이용하고 있다. 조작된 수요란 바로 이런 현상을 가리키는 말이다. 산업화된 나라의 많은 소비자들은 어느새 수돗물은 먹는 물로 적합하지 않다는 생각을 갖게 되었다. 그 대신에 몇 십 배나 비싼 돈을 기꺼이 지불하고 생수를 사 마신다. 마찬가지로 우리나라의 교육 시장도 철저하게 조작된 소비와 욕망이 지배하는 시장이 되어버렸다. 학교교육은 수돗물이고 사교육은 생수가 되어버린 것이다.

©Andrey Kryuchkov

뇌가 오랜 진화를 거치면서 신비로운 전략을 갖게 된 것은
인간의 생애가 신비롭기 때문이다.
생애는 예측할 수 없는 무한한 변화 안에서 지속된다.
뇌는 단 한순간도 쉼 없이 이어진 무한한 변화가 스며들어 만들어진,
그 자체로 짧은 생애와 삶의 결과다.

chapter 13

시장이 삼켜버린
아이들의 뇌

"영어 유치원 열 개가 생기면 소아정신과 한 개가 생긴다."

소아정신과 전문의들이 우스갯소리로 하는 말이다. 실제로 최근 서울 등 대도시를 중심으로 소아정신과 개업이 줄을 잇고 있다. 이른바 강남 3구에서는 많은 아이들이 일주일에 한 번 소아정신과에 가서 정기적으로 상담을 받고 있다. 아이들이 월요일은 영어, 화요일은 수학, 수요일은 피아노 등 매일 과외 수업이나 학원 수업을 받기 때문에 정서 발달에 문제가 생길 수 있으므로 일주일 단위의 스케줄에 정신과 상담을 끼워 넣는다는 것이다.

하지만 소아정신과 의사들의 말은 좀 다르다. 실제로 병원을 찾아오는 상당수의 아이들이 문제를 갖고 있다는 것이다. ADHD나 정서장애는 이제는 너무 흔해서 문제 삼는 것이 오히려 이상할 정도다. 최근엔 과도한 스트레스로 인한 안면 근육장애, 소아 우울증, 무기력 등의 증상도 급격하게 늘고 있다.

빈 서판, 교육으로 채워나가다

한쪽에서는 아이들의 뇌에 경고등이 켜졌다고 거세게 비판하고 있음에도 다른 한쪽에서는 점점 뜨거워지는 조기교육 열풍. 이 기이한 상황을 어떻게 설명할 수 있을까. 이 상황을 자세히 들여다보면 아이들의 교육 문제, 더 정확하게 말하면 교육시장을 둘러싼 우리 사회의 권력 지형이 포착된다. 보수 신문이나 지상파 미디어들의 성향을 중심으로 엮인 사학, 학원 재벌, 교육 관료 vs. 아동 전문가(발달심리, 소아정신과, 뇌과학 분야)의 대립 구도가 그것이다.

   많은 신문들은 교육 섹션 등을 통해 조기교육의 필요성을 지속적으로 역설하고 있다. 2000년대 중반 주요 신문사들은 날로 하락하는 종이 신문의 영향력, 점점 심각해지는 경영 위기를 타개하기 위해 특화된 면을 기획하는 방식으로 증면 경쟁에 나섰다. 이 무렵 각 신문의 교육 섹션이 등장했다. 독자들은 교육 섹션을 신문의 일부라고 여기지만 사실 그 제작과 운영은 모(母) 신문사와는 별도로 운영되는 외주업체가 담당하는 경우도 많다.

독자들이 기사라고 여기는 교육 관련 내용이 실은 기사라기보다는 학원 운영자 등의 일방적인 주장이나 광고와 다름없는 경우도 있다. 주요 보수 신문의 교육 섹션을 채우고 있는 바로 이들이 조기교육시장을 주도하는 사람들이며 지상파 방송 등은 이를 거들고 있는 실정이다. 지상파 방송은 신문의 교육 섹션에 등장했던, 정체가 모호한 이른바 교육 전문가들을 두뇌학자와 뇌 전문가 등으로 소개한다.

신문사의 권위를 빌려 매주 정기적으로 교육 섹션 지면을 채우는 조기교육시장의 지배자들은 2000년 이후 그 양을 매년 두 배 이상 크게 늘리고 있다.

현재 교육 정책은 1950년대 이후 본격화된 미국의 행동주의 심리학, 행동주의 교육학에 기반하고 있다. 1990년대 이후 미국에서는 소멸되어버린 이 교육 이론이 아직도 한국에서는 견고한 권력을 유지하고 있다. 행동주의 심리학과 교육학에서는 아이들을 '빈 서판(blank slate)'으로 본다. 즉 교육을 통해 채워 넣어서 무엇이든 만들 수 있다는 것이다. 이는 스키너(Burrhus F. Skinner)의 심리학과 일맥상통한다. 조기교육, 훈육과 수월성(생활의 모든 면에 있어서 최상의 표준에 도달하기 위한 노력) 위주의 수업 방식이 바로 그것이다. 그러나 1990년대 이후 미국과 유럽 등 서구의 상황은 크게 달라졌다. 뇌과학의 진전과 함께 인간, 특히 아이에 대한 이해가 달라지면서 특정 영역에서 행동주의 심리학과 교육 이론은 급격하게 쇠퇴했다.

교육 시스템의 설계자

하지만 우리나라에서는 여전히 1950년대 이후 미국 유학파들이 설계한 교육 시스템이 강력하게 작동하고 있다. 교육 권력 또한 이 계보를 잇고 있다. 여기서 파생된 교육시장은 가정 경제를 위협할 만큼 거대한 시장으로 성장해 이제는 교육 그 자체를 압도하게 되었다. 이 시장은 수십 년간 형성된 매우 견고한 시장이다. 독재적인 교육 권력과 거대한 교육시장은 수십 년간 함께 성장했고 전통적으로 교육의 한 주체였던 가정의 교육 기능은 핵가족화, 여성의 노동 참여 증가 등으로 점차 소멸해갔다.

과거에도 살벌한 입시 경쟁이 있었지만 지금처럼 아이들의 뇌가 파괴되는 지경으로까지 가지 않았던 것은 가정과 마을이 있었기 때문이다. 학교에서 아무리 공부와 체벌에 시달렸어도 집에 오면 따뜻한 어머니의 손길이 있었고 동네에는 또래, 형, 동생, 삼촌, 이모가 있었다. 학교에서 시달리고 지친 아이들은 가정과 동네에서 위로받고 치유받았다. 하지만 지금은 가정도 동네도 무력해졌다. 결국 아이들은 어디에서도 위로받지 못하게 되었고 그나마 있던 친구마저 사라지는 지경에 이르렀다. 뇌가 아프지 않으면 오히려 이상한 상황이라고 해도 과언이 아니다.

많은 교사들이 이미 교육을 포기한 지 오래라고 스스로 고백하고 있다. 아이들이 제발 자살이나 폭력 사고 없이 하루하루를 무사히 보내기만을 바랄 뿐이라고 말한다. 아이들도 더 이상 학교에서는 공부하지 않는다. 공부는 학원에서 하는 것이 되었다. 선행학습 등의 신상품을 앞세운 교육시장은 교육 자체를 처참하게 무너뜨렸다.

 방송과 신문에 자주 등장하는 선행학습 전문가들은 겨울방학이면 '이제는 ○○년 선행학습이 대세'라는 신상품을 들고 나온다. 이처럼 교육시장은 가족과 마을의 소멸과 함께 고립되어버린 부모들의 불안을 끊임없이 자극한다. 지금 우리는 통제 불가능할 정도로 커져버린 교육시장이라는 악마를, 그리고 점점 망가지고 있는 아이들의 뇌를 수수방관 지켜보고 있는 중이다.

chapter 14

우뇌를 팝니다

"한국의 아이들은 80퍼센트가 우뇌형이다. 좌뇌형 교육이 아이의 뇌를 망친다."

"한국 사회는 우뇌형 사회다."

"여자는 우뇌가 더 발달했다."

혹시 이런 말을 들어본 적이 있는가. 하나라도 들어본 적이 있다면 우뇌 담론에 낚인 것이다. 좀 더 부드럽게 표현하면 유혹에 넘어간 것이다. 유혹은 여기에서 그치지 않는다. '좌뇌는 이성적, 분석적, 논리적 사고와 언어의 장소이고, 따라서 좌뇌형 인간은 수학자, 엔지니어, 연구자 등에 어울린다', '반면에 우뇌는 직관적, 감성적, 통합적 사고와 비언어적 사고의 장소이고, 따라서 우뇌형 인간은 예술인 같은 창조적인 직업에 어울린다'라는 이야기 역시 신문 기사나 칼럼, 어린이 교육서 등에 자주 등장한다. 최근에는 경영학 서적이나 자기계발서 등도 우뇌 담론을 이야기하기 시작했다. '21세기는 우뇌의 시대, 우뇌형 인간의 시대' 등이 그것이다.

과학적인 근거가 전혀 없음에도 대중들에게 상식처럼 자리 잡은 생각들이 뇌의 신화다. 사실 우뇌 담론은 '뇌 시장(뇌 신화 시장 neuromyth market)'에서 확대 재생산된 추론일 뿐이다. 그럼에도 여전히 우뇌 담론은 우리 사회를 지배하고 있다. 우뇌 담론은 최근 몇 년 사이 특히 교육 분야에서 최대 히트 상품 중 하나다. 신문과 지상파 방송은 지금도 자녀 교육과 관련된 우뇌 담론을 꾸준히 내보내고 있다. 여기서 더 나아가 한국 사회는 직관과 감성이 주도하는 우뇌형 사회이고, 21세기는 우뇌의 시대라는 말까지 등장해 상식처럼 여겨지게 되었다. 우뇌 담론을 가장 많이 소비하는 분야는 단연 사교육시장이다.[14]

우리 아이가 끝난다고요?

2013년 1월 겨울방학 시즌, 서울 강남의 한 사설학원을 찾았다. 이른바 '우뇌 트레이닝'이라는 학습법을 개발해 강남 엄마들 사이에서 명성이 높은 곳이다. 꽤 많은 엄마와 초등학생, 중학생들이 종합병원 대기실처럼 상담 순서를 기다리고 있었다.

내 차례가 되었다. 나는 초등학교 6학년 아이를 둔 아빠라고 소개했다. 아이가 영어나 책 읽기는 좋아하는데 수학에는 영 흥미가 없어서 고민이다. 이제 중학교에 올라가니까 공부에 관한 전문적인 도움을 받고 싶어서 찾아왔다고 말했다. 그러자 상담원은 자신들이 개발했다는 좌·우뇌 유형 판별 검사를 받아봐야 정확히 알 수 있다고 말했다.

"아이가 좌뇌형인지 우뇌형인지 먼저 알아봐야 돼요. 뇌의 유형에 따라서 공부하는 방법도 달라지거든요. 유형을 무시하면 공부를 아무리 해도 성적은 안 올라요."

"저희 아이는 공부를 좀 하는 편인데요. 꾸준히 전교 1, 2등을 유지했어요. 다만 수학에 좀 흥미가 없는 거 같아서……."

"그거는 중학교 2학년쯤 되면 끝난다고 보시면 돼요."

"끝난다니요? 뭐가 끝나요?"

"지금 공부 잘하는 거요. 뇌 유형에 맞지 않는 학습법으로는 성적 유지가 힘들어요. 아마 아이가 점점 공부에 흥미를 잃을지도 몰라요."

상담원은 우리나라 아이들의 80퍼센트 정도가 우뇌형으로 태어나는데 학교나 학원에서는 좌뇌형 교육을 시키기 때문에 아이들이 원하는 만큼 성적이 오르지 않는다고 말했다. 탁자 위에 놓여 있던 뇌 모형을 만지작거리면서 확신에 가득한 설명을 계속 이어갔다. 인간의 뇌는 좌뇌와 우뇌, 두 부분으로 이뤄졌다, 좌뇌는 논리, 수학, 언어 등을 담당한다, 우뇌는 직관, 감성, 창의성 등을 담당한다, 좌·우뇌는 뇌량(corpus callosum)이라는 것으로 연결되어 있는데 문제는 아이의 뇌 유형을 무시한 학습법 때문에 좌·우뇌의 밸런스가 깨진다 등이다. 그들은 자신들이 개발한 우뇌 트레이닝을 통해서 균형이 깨진 좌·우뇌의 밸런스를 조정해주면 공부에 많은 도움이 된다고도 했다.

만약에 내 아이가 진짜로 초등학교 6학년이라면 아이의 공부 방식이 뇌 유형과 맞지 않으리라는 말을 듣고 가슴이 덜컥했을 것 같다. 하지만 다행히 내 아이는 아직 여섯 살이고 나는 그저 취재를 했을 뿐이기 때문에 그들의 말을 천천히 검토해볼 시간이 있었다.

한쪽 뇌만 발달시킨다는 전문가들

우뇌 관련 전문가들을 찾아보았다. 사교육시장에는 적지 않은 분들이 있었고 아이들 교육과 관련된 칼럼을 쓰는 분들도 있었다. 신문 칼럼에 유명 대학교의 책임교수로 소개된 경우도 있어서 나는 ○○대 인터넷 홈페이지에 들어가서 한 분의 이름을 검색했다. 정확한 직함은 ○○대학교 ○○대학원 부설 ○○아카데미 책임교수였다. 대학 교수가 아닌, 대학교 부설 평생교육원의 책임교수였다. 신문에서는 직함이 너무 길어서 그랬는지 ○○대 책임교수라고만 소개하고 있었다.

전공을 살펴봤다. 전공은 뇌 분야나 교육 분야와는 전혀 상관이 없었다. 또 관련 학위를 갖고 있지도 않았다. 물론 전공하지 않았어도 학위가 없어도 얼마든지 열심히 공부해서 좋은 프로그램을 만들 수 있다. 국회도서관 자료 검색 시스템에 들어가서 이분의 이름을 키워드로 관련 논문, 기고문, 서적 등을 찾아봤다. 단 한 건도 검색되지 않았다.

많이 놀랐다. 이 분이 한 달에 서너 번씩 칼럼을 기고하고 있는 ○○신문과 이른바 우뇌 트레이닝에 대해 면밀하게 다시 생각하게 된 계기였다.

©Philippe Semanaz

과거에도 살벌한 입시 경쟁이 있었지만
지금처럼 아이들의 뇌가 파괴되는 지경으로까지 가지 않았던 것은
가정과 마을이 있었기 때문이다. 학교에서 아무리 공부와 체벌에 시달렸어도
집에는, 동네에는 누군가가 있었다.

chapter 15

누가 뇌 시장을
지배하는가

그렇다면 뇌 시장에서는 무슨 일이 벌어지고 있는 것일까? 앞에서도 소개한 OECD 보고서는 우뇌에 대한 고정관념을 신화라고 규정하면서 "과학적 근거가 전혀 없다(not based on any evidence at all)"고 결론 내리며 "부모와 교사, 교육 전문가 등이 대중 매체에서 보고 들은 우뇌에 대한 고정관념을 곧바로 교육 현장에 적용하고 있어 그 폐해가 위험한 수준에 이르렀다"고 경고하고 있다. 사실 거세게 일고 있는 조기교육과 사교육 열풍 그리고 우뇌 담론의 확대에는 미디어가 중요한 역할을 하고 있다.

그래서 우리나라의 신문, 방송 등이 '우뇌'를 어떻게 다루고 있는지 분석해보기로 했다.[15] 뇌에 대한 관심이 점차 높아지고 있는 상황에서 과학 분야의 연구 성과가 신문과 방송에 제대로 반영되고 있는지를 살펴보는 것은 매우 중요하다. 미디어는 과학 정보에 대한 대중들의 이미지를 형성하기 때문이다. 미디어는 실재하는 사회적 현실을 이미지로 재구성한다. 미디어가 우뇌를 어떻게 규정하고 제시하는지를 살펴보면 뇌, 특히 우뇌에 대한 대중적 신화의 뿌리를 찾을 수 있을 것이다.

우선 방송의 경우 2000년부터 2010년까지 '우뇌'라는 단어가 들어간 모든 뉴스 기사와 프로그램을 분석했다. 신문의 경우에는 주요 일간지로 불리는 다섯 개 주요 신문에서 1990년 이후 2010년까지 20년 동안 '우뇌'라는 단어가 들어간 모든 기사를 검색하고 분석했다.

신화를 퍼뜨리는 주부 프로그램

먼저 방송을 살펴보자. 주요 지상파 방송에서 지난 2000년 이후 우뇌 관련 내용이 포함된 프로그램은 드라마, 교양, 다큐멘터리 등 장르에 상관없이 KBS 총 아홉 편, SBS 총 16편이다. 이를 다시 장르별로 구분해보면 KBS는 교양 일곱 편, 다큐멘터리 두 편이고 SBS는 교양 13편, 다큐멘터리 한 편, 예능 두 편이다. 우뇌를 다룬 방송 프로그램은 특정 시기에 집중적으로 방송 물량이 발생했다가 사라지는 특징이 있다. KBS의 경우 2003년 한 건, 2005년 한 건, 2006년 세 건, 2010년 네 건이 방송되었는데 2006년과 2010년에만 전체 아홉 건의 방송 물량 중 70퍼센트인 일곱 건이 집중된 것으로 나타났다. 이런 현상은 SBS의 경우에 더 두드

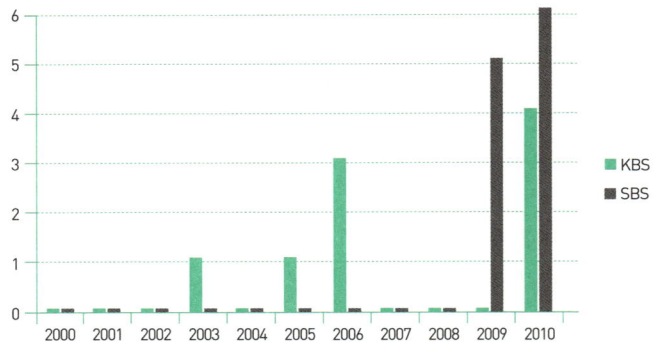

우뇌 관련 방송 프로그램 빈도

러진다. SBS는 2008년 이전까지 단 한 건의 방송도 없다가 2008년 2건을 시작으로 2009년 일곱 건, 2010년 일곱 건으로 전체 물량의 87.5퍼센트가 2009년과 2010년 두 해에 집중되었다.

특정한 시기에 우뇌와 관련된 방송 프로그램이 집중 편성되었다는 사실은 상당히 중요하다. 사회적으로 이슈가 되지도 않았는데 어떤 이유로 우뇌와 관련된 프로그램이 한 시기에 집중 편성되었는지는 궁금증을 자아내는 대목이다. 모든 방송사에서 가장 많이 소개된 형태는 특강 형식의 주부 대상 강연 프로그램이었다.

또 하나 놓치지 말아야 할 점은 이들 프로그램에서 특강을 담당했던 분들의 직업이다. 정신과 전문의도 일부 등장하지만 대부분 두뇌학자, 뇌 연구가, 사설 학원장 등이다. '두뇌학'이라는 새로운 분야를 개척하신 분도 있다. 메이저 지상파 방송의 주부 대상 강연 프로그램에 두뇌학자가 나와서 우뇌 교육법을 설명하는 식이다. 자칭 뇌 연구가가 자주 등장하는 것 또한 의아한 점이다. 이들은 주로 '한국인은 대부분 우뇌형', '좌뇌형 아이와 우뇌형 아이', '남녀의 좌·우뇌 차이' 등에 대해 강연을 한다. 그래서 지상파 방송의 특강 프로그램을 통해 우뇌와 관련된 이야기를 자연스럽게 받아들이게 되거나 아이의 손을 잡고 우뇌 관련 학원 등을 찾아가는 경우가 생겨난다.

교육 섹션에는 어떤 이야기가 실릴까

그렇다면 신문의 사정은 어떨까. 1990년부터 2010년까지 20년 동안 '우뇌'라는 단어가 들어간 기사의 수는 〈조선일보〉 168건, 〈중앙일보〉 129건, 〈동아일보〉 97건, 〈한겨레신문〉 52건, 〈경향신문〉 58건이다. 〈조선일보〉와 〈중앙일보〉의 경우 2002년 이전까지는 매해 10건 미만을 보도하다가 2004년 이후 10건 이상으로 대폭 증가했다. 보도 물량 분석 과정에서 가장 눈에 띄는 점은 〈조선일보〉의 경우 2005년 이후 지속적으로 그 물량이 증가하고 있다는 사실이다. 2004년 이후 두 자릿수 이상의 가파른 증가세를 보였고 그 물량은 지금도 꾸준히 늘고 있다. 전체 168건의 보도 물량 가운데 83.3퍼센트인 140건이 2004년 이후에 집중된 점도 주목된다.

대체로 보수 신문으로 구별되는 〈조선일보〉, 〈중앙일보〉, 〈동아일보〉가 전체 504건 가운데 394건으로 전체 보도 물량의 78.2퍼센트를

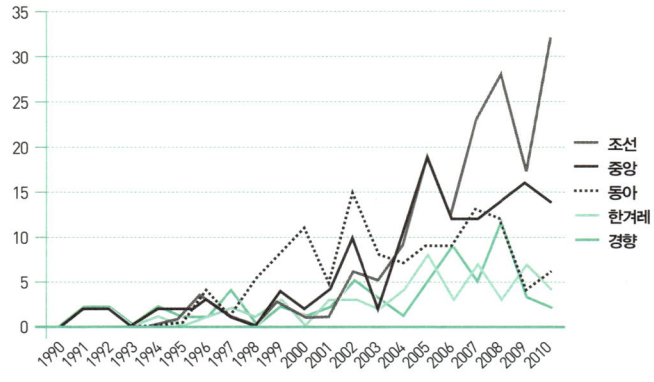

우뇌 관련 신문 기사 건수

차지한다. 반면 진보 성향으로 여겨지는 〈한겨레신문〉과 〈경향신문〉은 모두 110건으로 전체 보도 물량의 21.8퍼센트를 차지했다.

보수 신문과 진보 신문을 가릴 것 없이 신문에 소개되는 우뇌 관련 보도는 절반 이상이 교육 분야에서 다루어졌다. 교육 분야 비율이 많은 순서대로 살펴보면 〈중앙일보〉 63퍼센트, 〈조선일보〉 55퍼센트, 〈한겨레신문〉과 〈경향신문〉 54퍼센트, 〈동아일보〉 41퍼센트 순이다. OECD와 뇌과학자들이 강력하게 경고하고 있는 대로 뇌과학 분야의 지식이 어떻게 곧바로 교육 현장에 적용되는지, 미디어에서는 이를 어떻게 다루고 있는지를 알 수 있는 대목이다.

그렇다면 기사의 내용은 어떨까. 언론 분석 도구를 이용해 기사의 성향을 분석했다. 쟁점은 우뇌를 어떤 태도로 다루느냐다. 크게 뇌 신화의 전제를 그대로 따르는 경우와 이를 비판하고 대안을 찾는 기사로 나눠볼 수 있다. 분석 결과 한국의 신문들은 대부분 전자, 즉 신화의 전제를 그대로 따르고 있었다. 한 예로 뇌의 신화를 비판하고 이를 극복한 것으로 여겨지는 뇌가소성 등 뇌과학의 새로운 연구 성과와 개념

> **뇌가소성**(brain plasticity): 출생 후의 환경과 경험에 의해 뇌의 무게와 크기 등 생화학적 특성이 많은 영향을 받으며 생애의 초기 손상을 입은 뇌가 회복해 나가는 기능을 지니고 있다는 인지과학자들의 최근 이론이다.

등이 주요 신문에서 기사로 다뤄진 경우는 극히 미미했다. 뇌가소성을 다룬 기사와 우뇌를 다룬 기사의 양을 비율로 환산하자 〈한겨레신문〉이 8.6배로 가장 낮았고 〈중앙일보〉는 64.5배로 가장 높았다.[16] 이상에서 살펴본 것처럼 우리나라 주요 신문들은 좌·우뇌의 차이에 대한 신화적 태도를 여전히 유지하고 있다. 특정 신문을 제외하고 모두 70퍼센트 이상 뇌의 신화를 옹호하고 있다.

확인받고 싶은 부모들의 마음

지난 20년간의 신문 기사와 10년간의 방송 프로그램을 분석한 결과 다음과 같은 사실들을 확인할 수 있었다. 첫째, 우리나라 주요 신문과 방송에서 생산하고 있는 우뇌 담론은 OECD와 많은 뇌과학자들이 지적하고 있는 우뇌와 관련된 뇌의 신화에 과도하게 집중되어 있다.

한국의 주요 신문과 방송에 우뇌에 관한 아이템이 등장하기 시작한 것은 대체로 1990년대 중반 무렵부터다. 이 시기에는 주로 신문의 칼럼 등을 통해 우뇌 담론이 각종 사회적 이슈를 해석하는 도구로 인용

되기까지 했다. 또 실제 신문과 방송의 보도 물량을 비교해보면 2000년대 중반까지는 평이하던 숫자가 2005년을 정점으로 대폭 증가하는데, 이 계기가 바로 주요 신문들의 교육 섹션 창간이다.

둘째, 분석 과정에서 뇌의 신화 등을 제대로 소개한 국내의 신문 기사와 방송 프로그램은 거의 찾아볼 수 없었다. 뇌 연구는 지난 30여 년 사이 비약적으로 진전되었다. 그럼에도 미디어와 사교육시장의 우뇌 담론은 여전히 1970년대에 머물고 있다. 2005년 이후 특히 신문을 중심으로 우뇌 담론은 꾸준하게 증가하고 있다.

앞에서 살펴본 것처럼 사교육시장, 특히 조기교육산업의 급속한 성장은 교육 분야의 콘텐츠를 지속적으로 필요로 하기 때문이다. '확인받고 싶은 부모들의 마음'은 이 신화를 더욱 부채질한다. 우뇌 담론은 이런 교육 수요를 채워주는 동시에 '결정론적'인 관점을 제시한다는 면에서 우려스럽다.

셋째, 우뇌 신화의 확대 재생산에는 방송보다 신문이 큰 역할을 한다. 분석 대상에 포함된 다섯 개 일간지의 우뇌 관련 기사들은 적게는 50퍼센트에서 많게는 80퍼센트 이상 교육을 주제로 삼고 있다. 게다가 앞에서도 지적했듯이 신문 등에 소개된 우뇌 관련 정보들은 일부 방송 프로그램 등에 곧바로 소개되고 있는 실정이다. 매스미디어가 정확한 정보를 전달해야 한다는 너무나 당연한 명제는 아이의 뇌 발달과 관련해서도 예외일 수 없다. 하지만 실상을 보면 제대로 검증되지 않은 가설들이 마치 최신 이론처럼 포장되어버리곤 한다.

넷째, 우뇌 담론이 확대 재생산되는 과정에서 뇌 분야 전문가보다는 사설 학원(영재교육원 등)의 원장 등 관계자들이 주도적인 역할을 하고 있다. 심지어 신문 기사에는 외부 필자들이 운영하고 있는 영재교육원 등의 명칭, 인터넷 홈페이지 주소, 전화번호가 버젓이 명시되고 있다. 엄격한 규정에 따라 이니셜로 처리되거나 ○○교육원 등으로 익명 처리되는 방송의 제작 방식과 비교하면 자칫 상업적인 홍보로 비쳐질 수 있다. 실제로 방송 프로그램이나 신문에 뇌 전문가로 등장했던 사설 학원장 등은 자신들의 홈페이지, 서적 등에 방송 출연 사실을 홍보하고 있다.

많은 과학자들의 경고대로 뇌 연구의 성과들을 교육 현장에 과도하게 직접적으로 적용하는 것은 큰 문제다. 그중 미디어는 대중들에게 균형 잡힌 시각을 제공하기보다는 과거의 낡은 가설과 이를 토대로 하는 교육산업을 그대로 소개하는 폐해를 가장 열심히 반복하고 있다.

chapter 16

지킬 박사의 뇌와
하이드 씨의 뇌

과학자들은 밤새워 연구한다. 그렇게 얻어진 결과들은 기초 자료일 뿐이다. 기초적인 연구 성과는 가설이 되고 이후 많은 후속 연구를 통해 이론으로 자리 잡는다. 그리고 다시 수많은 시행착오를 거쳐 현실에 적용된다. 때때로 과학 분야의 드라마틱한 연구 성과들이 대중들의 관심을 크게 끌면서 시장의 유혹에 빠지는 경우가 종종 발생한다. 우뇌 신화가 그런 경우다. 그렇다면 우뇌에 대한 과학적 자료는 언제 어떻게 신화로 자리 잡았을까.

좌·우뇌 연구의 길고도 짧은 역사

사실 서양 역사에서 인간의 인지 능력을 비판과 분석, 창조와 통합으로 분류한 지는 매우 오래되었다. 뇌의 두 반구에 대한 오래된 관심은 특히 19세기의 신경생리학(neurophysiology)에 이르러 주된 학설로 자리를 잡게 되었다.

1844년 의사였던 아서 위건(Arthur Wigan)은 죽은 사람의 뇌를 꺼내 연구한 결과를 토대로 뇌의 두 반구가 독립되어 있고, 각자의 의지와 생각의 방식을 갖고 있다고 주장했다. 이런 주장이 대중적으로 크게 확산되고 확고하게 자리 잡은 것은 우리에게도 잘 알려진 로버트 스티븐슨(Robert Stevenson)의 《지킬 박사와 하이드 씨》라는 소설 덕분이다. 여러 번 영화화되었던 이 소설은 인간에게 잠재된 선과 악 중에서 악의 요소를 약물로 분리할 수 있다고 믿었던 과학자의 운명을 다루고 있다. 이 소설은 신경과학적으로 좌반구에 비해 우반구가 감성적이라는 사실을 대중들에게 확고하게 각인시키는 계기가 되었다.

비슷한 시기인 1840년대와 1860년대 사이에는 프랑스의 신경학자 폴 브로카(Paul Broca)와 독일의 신경학자 카를 베르니케(Carl Wernicke)가 언어 능력이 손상되었던 뇌 질환자들이 죽자 그 뇌를 꺼내 연구를 진행했다. 그 결과 뇌의 특정 부위가 손상되어 있었고 이 부위에 발견자의 이름을 따서 각각 단어를 담당하는 브로카 영역과 문법을 담당하는 베르니케 영역이라는 이름을 붙여주게 되었다. 브로카와 베르니

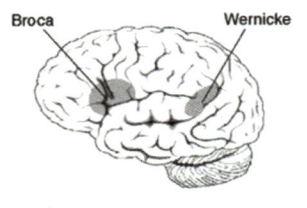

브로카 영역과 베르니케 영역

케가 발견한 언어중추는 이후 좌반구가 언어를 담당한다는 생각을 뒷받침하는 강력한 근거로 자리 잡았다.

그로부터 100여 년이 지난 1960년대에 이르러서는 의사이자 신경생리학자인 로저 스페리(Roger Wolcott Sperry)의 분리 뇌(split brain) 환자 연구에 의해 좌·우뇌의 기능에 대한 보다 구체적인 정보들이 밝혀졌다. 로저 스페리와 그의 연구팀은 간질 등으로 인해 부득이하게 좌·우뇌를 연결하는 신경다발인 뇌량을 절단할 수밖에 없었던 분리 뇌 환자들을 통해 좌·우뇌의 기능을 관찰했다. 이후 이 연구는 좌반구는 언어(verbal), 우반구는 비언어(non-verbal)를 담당한다는 생각에 확실한 근거로 자리 잡게 되었다. 이 연구를 이끌었던 로저 스페리는 1982년 노벨상을 수상했다.

1800년대 중반부터 1970년대까지 뇌를 연구한 학자들, 즉 위건, 브로카, 베르니케, 로저 스페리 등은 모두 의사였다. 그들은 치료를 목적으로 뇌 연구를 진행하면서 인간의 뇌가 손상되었을 때 나타나는 현상을 관찰했다. 따라서 뇌가 손상되지 않은 정상적인 경우에도 뇌의 좌·우반구가 독립적으로 작용하는지는 1970년대까지 여전히 의문으로 남아 있었다. 로저 스페리의 분리 뇌 연구 이후 뇌 손상 환자들의 좌·우반구가 보이는 특징들은 정설로 굳어졌다. 특히 1970년대 심리학, 교육학 분야에서 좌·우반구의 특징을 인용하기 시작하면서 우뇌에 대한 고정관념은 일상생활에도 엄청난 영향을 미치기 시작했다.

한 예로 미국의 심리학자인 로버트 온스타인(Robert Ornstein)은 1972년 출간한 《의식의 심리학》에서 "서구인들은 뇌의 절반만을 사용하고 있을 뿐이다. 그러므로 뇌가 지닌 능력의 절반밖에 사용하지 못하고 있다"고 주장했다. 그는 "서구의 문화가 지나치게 언어, 논리적 사고에 치중하기 때문에 서구 문화 속에서 살고 있는 사람들은 좌뇌가 잘 훈련되어 있고 반면에 우뇌, 즉 직관적이고 감성적인 사유방식은 소홀히 했다"고 덧붙였다. 또 저명한 교육학자인 토런스(E. P. Torrance), 매들린 헌터(Madeline Hunter) 등은 좌·우뇌 반구의 특징에 맞게 학교교육을 바꿔야 한다는 매우 급진적인 주장을 펼쳤다.

1990년대 중반부터는 뇌과학의 연구 결과들이 미디어에 빈번하게 등장하기 시작했다. 신비의 대상으로 남아 있던 뇌에 관한 정보들이 대중들의 마음속에 매우 빠르고 광범위하게 자리 잡은 것도 이 무렵이다. 결국 1800년대 중반에 시작된 좌·우뇌 반구의 특징 연구는 그로부터 100여 년이 지난 1970년대에 이르러 교육학과 심리학 분야에도 영향을 미치게 되었고 그 후 인간형(좌뇌형, 우뇌형), 생각의 방식(좌뇌적, 우뇌적 사고)과도 관련이 있다는 관념으로 발전해 현재에 이르고 있다.

신화를 걷어낸 뇌

뇌과학자들은 우뇌에 대한 고정관념을 '신경계에 대한 신화'로 규정한

> **fMRI**(뇌기능자기공명영상, functional Magentic Resonance Imaging): 뇌를 대상으로 삼는 MRI로 산소 용존량의 변화를 통해 뇌의 활성화 영역을 파악하는 장비다.

다. 교육학, 심리학 등의 분야는 이후 지난 20~30년간 진행된 후속 연구 결과를 별로 주목하지 않았다. 최근의 뇌 연구는 1970년대의 분리 뇌 연구의 가설을 훨씬 뛰어넘는다. 좌·우반구의 특성이 다소 차이가 있다는 이유로 각각이 다른 방식으로 작용한다고 볼 수 없다는 의견이 지배적이다. 1990년대 이후 fMRI 등 살아 있는 뇌의 활동을 실시간으로 관찰할 수 있는 장비들이 속속 개발되면서 연구는 더욱 가속화되고 있다.

인간의 뇌는 좌뇌와 우뇌로 구성되어 있다. 그렇다고 뇌가 두 개라는 의미는 아니다. 뇌는 하나다. 뇌는 두 부분으로 구성된 하나로서 언제나 함께 활동한다. 좌뇌의 특기로 알려져 있는 언어를 구사할 때조차도 우뇌를 더 많이 사용하는 경우가 있다. 또 개인에 따라서도 차이가 있다. 심지어는 상황과 조건에 따라 우뇌를 사용하기도 하고 좌뇌를 사용하기도 한다.

그래서 최근에 언어를 언어중추의 작용이라기보다는 언어와 관련된 네트워크의 작용으로 보는 관점이 더 우세하다. 뇌의 네트워크는 외부 세계와의 관계 속에서 끊임없이 형성, 재형성, 수정된다. 인간의 뇌는 기계가 아니다. 뇌는 끊임없이 바뀌는 주변 상황 속에서 존재한다. 그러므로 건강한 뇌는 단 한순간도 예외 없이 변화무쌍하다. 따라서 아이들을, 아이의 뇌를 낡은 신화에 가두는 것은 더할 나위 없이 미련한 짓이다.

©Szefei

뇌는 삶이라는 과정에서 축적한 경험과 학습을 기록하고 보존한다.
한 번 지어진 집을 평생 유지하는 것이 아니라
거듭되는 리모델링 과정을 거쳐서 늘 새롭게 변화한다는 말이다.
그리고 그 과정은 생명이 다할 때까지 계속된다.

chapter 17

태아때부터 시작되는
스펙 경쟁

아이가 잉태되는 순간부터 부모는 자녀를 똑똑한 아이로 키우고 싶다는 간절한 소망을 품는다. 그 소망은 소중하고 고귀하다. 존중받고 보호받아야 하는 소망이다. 하지만 현실에서 그 소망은 존중받지도, 보호받지도 못한다.

태아는 학생이 아니다

소중하고 고귀한 소망은 상술과 사이비 과학자들에 의해 심하게 왜곡되고 있다. 많은 부모들이 태교를 뱃속의 아이에 대한 교육이라고 여긴다. 하지만 태아는 학생이 아니다. 태교는 뱃속의 아이를 대상으로 하는 것이 아니다. 그럼에도 뱃속의 아이와 대화를 나누는 태담(胎談)을 위한 이야기책, 태교 음악, 심지어는 태아에게 들려준다는 영어 프로그램까지 등장해 하나의 시장을 형성하고 있다. 예를 들어보자.

'모차르트 이펙트(Mozart Effects)'라는 태아용 음악 교육이 유행한 적이 있다. 뱃속의 태아에게 모차르트 등 바로크 시대의 클래식 음악을 들려주면 아이의 지능 발달에 도움이 된다는 것이다. 어떤 지상파 TV 채널은 이 내용을 다큐멘터리로 제작해 방송하기도 했는데 프로그램을 제작한 PD는 태아에게 들려주면 좋다는 모차르트의 음악을 따로 담은 CD를 직접 제작해서 판매하기도 했다. 관련 콘텐츠들은 지상파 TV채널뿐만 아니라 신문, 잡지 등에 소개되었고 이를 프로그램화한 상품들이 태교용 음악으로 등장하기도 했다. 과연 바로크 시대의 클래식 음악은 정말 태아의 지능 발달에 도움이 될까? 아직 뚜렷한 과학적 근거는 없다. 그러나 이제 막 뱃속에 아이가 들어선 초보 예비 부모들은 모호함을 과학이라고 포장한 상술에 휘둘리기 시작한다.

모차르트 이펙트는 1993년 미국 캘리포니아 주립대의 한 연구실에서 시작됐다. 연구팀은 참가자들에게 모차르트가 작곡한 9분 짜리 '두 대의 피아노를 위한 소나타 D장조'를 들려주었다. 그 결과 참가자들의 공간추론(spatial reasoning) 점수가 향상되었는데, 이를 IQ로 환산하면 약 8~9정도의 수치라는 것이 연구팀의 주장이다. 연구 결과는 큰 반향을 일으켰고, 임신 중의 태아에게 모차르트의 음악을 들려주면 IQ가 좋아진다는 태교용 음악 CD 상품으로 사업화가 이루어졌다. 하지만 연구가 발표된지 약 15년 뒤인 2009년, 큰 반론이 제기됐다. 독일 정부는 신경과학자, 심리학자, 교육학자, 철학자 등의 연구진을 모아 그동안 발표된 관련 연구 30건을 과학적으로 검토하는 프로젝트를 진행했다. 그 결과 독일 교육통계부는 효과를 입증할만한 과학적 근거는 없다고 발표했다. 미국 캘리포니아 주립대 연구팀이 제시한 점수는 순간적인 반응이었으며, 그 효과도 20분 이상 지속되지 않는다는 것이다.[17]

음악을 들려주기만 해도 태아의 지능이 발달한다니 얼마나 손쉬운 방법인가. 선정성만을 강조하면 큰 반향을 일으킬 수밖에 없다. 그러나 모차르트 이펙트는 일부에서 제시한 가설에 불과하다. 어떤 가설이 일정한 연구 성과를 냈더라도 일반론으로 정착하기 위해서는 과학계 내부에서 충분한 논의와 검토를 거쳐야 한다. 또 이를 일상에 적용하기 위해서는 많은 실험과 오랜 관찰이 뒤따라야만 한다.

모차르트 이펙트는 기발한 상상력을 지닌 어떤 과학자의 가설일 수는 있어도 과학계 전체가 받아들이고 인정한 통설은 아니다. 모차르트 이펙트뿐만이 아니다. 자녀 교육 분야에서는 이런 가설 혹은 주장에 불과한 사실들이 과학으로 둔갑해 소개되는 경우가 너무 많다. 매스미디어를 통해 이런 가설들이 소개되고 유통되며 불안한 부모들의 심리를 자극하는 것이다.

태교의 진실은 아기가 아닌 엄마

태아는 이중 삼중의 두터운 막과 양수라는 물주머니 안에서 성장하고 발달한다. 그러니까 사실 태아에게는 외부의 소리가 잘 들리지 않는다. 당연히 그 소리를 알아들을 수는 없고 관심은 더더욱 가질 수도 없다. 아기의 목표는 오직 약 35주 안에 세상으로 나갈 준비를 마치는 것이기 때문이다.

물론 뱃속의 아기도 관심을 갖는 소리가 있기는 하다. 바로 엄마의 심장박동 소리다. 엄마가 긴장하거나 놀라서 심장박동이 빨라지면 아기는 마치 천둥이 치는 것과 같은 긴장과 충격을 받는다. 엄마가 스트레스를 받아 심장박동에 변화가 생기면 아기의 성장과 발달에 좋지 않은 영향을 줄 수밖에 없는 것이다. 따라서 태교란 임신 기간 내내 엄마가 편안한 상태, 즉 엄마의 심장박동이 일정하고 안정적으로 유지되도록 돕는 것이다.[18] 그러니 이른바 태교에 좋다는 각종 교육 상품은 재검토되어야 한다.

태아를 위한 영어 교육 프로그램은 태아에게 영어를 들려주면 출생 후 영어에 반응하는 속도가 훨씬 빨라진다는 일부의 주장을 상품화한 것이다. 이런 주장을 뒷받침하기 위한 연구 논문들은 엄마 뱃속에 있을 때 외국어를 들려준 신생아가 그 외국어에 더 민감하게 반응한다고 주장한다. 그러나 이런 주장은 언어학계는 물론 뇌 발달 분야에서도 수십 년간 논란을 일으키고 있다. 그러나 교육시장에서는 일부의 주장이 곧바로 상품화된다. 모든 아기들은 언어 습득을 위한 본능적인 능력을 갖고 있고, 또 어린 시절에는 빠른 속도로 외국어를 익히는 반면 성인이 되고 나면 외국어 학습에 어려움을 겪는다는 사실을 근거로 '모든 아기는 언어의 천재'라는 신화가 만들어졌다. 그렇게 이 신화는 언어 조기교육의 중요성을 뒷받침하는 확고한 근거로 자리를 잡았다.

하지만 잠시 언어란 무엇인지를 생각해보자. 아기들이 보이는 언어 활동은 정확하게는 소리, 즉 음소에 대한 반응이다. 이는 언어에 대한 반응이 아니다. 외국어 조기교육을 주장하는 사람들은 태아가 청각을 가장 먼저 발달시킨다는 과학적 사실을 인용하기도 하지만 이것 또한 과장이다. 청각이 발달하는 것과 소리를 '듣고' 인지하는 것은 전혀 별개의 과정이다. 우리는 귀로 듣는 것이 아니라 뇌로 듣는다. 따라서 귀가 생기고 청각이 발달해서 소리를 들을 수 있다고 해도 그 소리가 어떤 소리인지 구별할 수 있는 것은 아니다.[19]

태아용 영어 교육 프로그램은 이처럼 논란이 많은 과학적 사실들 사이에서 위험한 줄타기를 하고 있다. 실제로 주류 언어학자들은 태아의 언어 능력을 과장하는 일부 언어학자들을 매우 강한 어조로 비판하며 공식적으로 그 위험성을 경고하기도 한다. 그러나 보통의 부모들은 이런 전문적인 논의 과정을 생략한 채 매스미디어나 교육시장이 제시하는 '편집된 과학적 사실'만을 받아들이게 된다. 우리가 철석같이 믿는 조기교육의 효과 뒤에는 이렇게 조작된 신화들이 곳곳에 숨어 있다는 점을 잊지 말아야 한다.

1990년대 이전의 뇌 연구는 대체로 해부학적인 설명이 많았다. 뇌의 어떤 영역이 어떤 기능을 담당한다는 뿌리 깊은 생각이 자리 잡았던 것이다. 사실 이런 설명은 흔히 골상학(phrenology)이라고 불리는데, 정신 질환과 관련된 의학이 뇌 연구를 주도하던 상황과도 관련이 있다. 뇌와 관련된 질병을 가진 환자를 진단하고 치료하기 위해서는 고장 난 뇌의 정확한 위치 등을 찾아내서 원인을 밝혀야 했다. 예를 들면 좌뇌에 있다는 브로카 영역, 베르니케 영역 등의 언어중추에 손상을 입으면 언어 기능에 문제가 생긴다는 식으로 말이다. '뇌의 대부분이 3세 이전에 완성된다'는 가설은 이렇듯 뇌의 하드웨어 측면에 주목한 결과라고 할 수 있다.[20]

인간의 뇌는 평생에 걸쳐 발달한다

1990년대 이후 뇌과학은 신경생리학, 뇌 공학 등의 분야로 더욱 확대되었다. 살아 있는 사람의 뇌를 실시간으로 관찰할 수 있는 첨단장비가 속속 개발되면서 뇌에 대한 오래된 가설들이 폐기되기도 하고 수정, 보완되기도 했다. 하드웨어라는 측면에서만 본다면 인간의 뇌는 대체로 18세 전후에 1차 공사를 마무리한다. 하지만 그게 다는 아니다. 진정한 인간의 뇌로 알려진 전전두엽 피질(prefrontal lobe)은 30대 중반에야 겨우 1차 공사를 마무리한다.[21]

건축 공사에 비유한다면 태아와 영·유아 시기를 거쳐 청소년기를 지나면서 뇌는 꾸준히 기초 공사를 계속하는 셈이다. 하지만 한 가지 주목해야 할 사실이 있다. 기초 공사가 마무리되었을 뿐인 집을 보고 우리는 '완성되었다'라고 말하지 않는다. 기초 공사를 마치고 거듭된 공정을 거쳐서 그 집에 들어가 거주할 수 있게 되어야 비로소 집이 완성되었다고 한다. 하지만 곰곰이 생각해보면 집이란 건물에 국한되지 않는다. 그 집에 어떤 사람이 들어가서 사는가, 어떤 이웃들이 함께 사는가, 주변 환경은 어떤가, 지역 문화는 어떤가 등등에 의해 세월이 지날수록 집의 가치는 달라지고 변화한다. 오랫동안 이 과정을 거치면서 집은 그저 건축물이 아니라 가족, 가정, 집안, 전통, 고향 등 무형의 가치와 정신 등이 깃들인 곳이 된다.

인간의 뇌도 마찬가지다. 결정적인 기초 공사의 시기는 물론 있다. 그렇다고 해서 멋지고 행복한 삶, 인간의 정신과 영혼의 문제는 뇌의 하드웨어만으로 설명되지 않는다. 인간의 고유한 특징으로 여겨지는 언어도 예외는 아니다. 뇌는 삶이라는 과정에서 축적한 경험과 학습을 기록하고 보존한다. 한 번 지어진 집을 평생 유지하는 것이 아니라 거듭되는 리모델링 과정을 거쳐서 늘 새롭게 변화한다는 말이다. 그리고 그 과정은 생명이 다할 때까지 계속된다.

그럼에도 교육 분야에서는 여전히 '뇌의 대부분은 3세를 전후한 인생의 초반기에 완성된다'는 오래된 가설이 아직도 강력하게 작동하고 있다. 그러다 보니 조기교육의 중요성이 지나치게 과장되면서 그 시기에 이뤄진 조기 인지 교육이 나중의 학습 능력에 곧바로 영향을 준다고 여겨진다. 더욱 중요한 사실은 영·유아기와 청소년기의 뇌에서 인간의 기초, 즉 인성, 감성, 성격 등이 주로 발달한다는 것이다. 최근에는 이런 발달 과정이 나중의 학습 능력과 더 깊은 관련이 있다는 사실이 속속 밝혀지고 있다. 그러니 문자, 숫자 중심의 과도한 조기교육은 인간의 발달 과정, 뇌의 발달 과정을 무시한 폭력에 가깝다.

뇌와 관련된 과학적 사실들을 검토하다 보면 선조들의 지혜를 발견하고 무릎을 치게 되는 경우가 한두 번이 아니다. 가령 '세 살 버릇 여든까지 간다'는 속담이 그렇다. 이는 과학적으로도 딱 들어맞는 말이다. 선조들은 '세 살 공부 여든까지 간다'고 말하지 않았다. 영·유아기는 인지적 학습을 위한 시기가 아니라 인성, 감성, 성격 등이 형성되는 시기라는 사실을 우리 인류는 이미 오래전부터 알고 있었던 것이다.

과학은 머나먼 길을 돌아서 이제 그 오래된 진실, 오래된 지혜들의 증거, 즉 물리적, 화학적 실체들을 찾아내 보여주고 있다. 그러므로 실은 과학조차도 전혀 새로운 것은 아니다. 오래된 진실, 오래된 지혜 안에서 과학은 더 풍요로워질 수 있다. 그러므로 더 늦기 전에 아이에 대한 생각, 아이들의 교육에 대한 생각도 수정되어야 한다. 지금 우리는 아이들에게 무엇을 가르치고 있는지 반성해야 한다. 수천 년 동안 오랜 경험으로 터득한 인류의 지혜는 어린아이들에게 무엇을 가르쳐야 하는지를 이미 구체적으로 알려주고 있다.

chapter 18

시냅스에 대한
오해와 진실

"그러니까 오감(五感) 자극을 열심히 하면 시냅스가 강화되는 거 아닌가요?"

과학자의 말이 아니다. 강연을 다니다 보면 이런 전문적인 질문을 하는 엄마들을 매우 자주 만날 수 있다.

"어디서 그런 어려운 이야기를 들으셨어요?"

"책에도 자주 나오고 TV에서 하는 육아 관련 강연에서도 들었던 거 같아요."

평범한 엄마들이 시냅스(synapse)라는 어려운 뇌과학 용어를 알게 되었으니 과학의 대중화에 큰 진전이 이뤄졌다고 기뻐해야 할까. 엄마들에게 나는 이렇게 대답한다.

"그런 걸 보고 견강부회(牽强附會)라고 하지요."

이 책을 선택했을 정도로 아이를 키우는 데 관심이 많은 분이라면 시냅스에 대해서도 들어봤을 것이다. 과학적인 팩트(fact)가 과학자들 사이에만 머무는 경우는 드물다. 과학자들이 연구실에서 밤을 새워가며 생산해낸 지식과 정보들은 곧잘 다른 분야에서 더 많이 활용된다. 특정 분야에서는 이미 존재하는 과학적 지식과 정보를 빌려가 원래 연구를 시작한 과학자의 의도를 뛰어넘어 자기들끼리의 확대 재생산, 즉 '자기 확신(self-confident)'이라는 과정이 일어나기도 한다.

이런 현상은 특히 교육 분야에서 두드러진다. 미국과 유럽 그리고 우리나라 할 것 없이 1990년대 중반 이후 교육산업은 뇌과학 분야의 정보와 지식을 적극적으로 도입하기 시작했다. 교육계 내부에서 자기 확신의 과정을 거치면서 과학자도 잘 모르는 이론들이 활개를 친다. 그 중심에 시냅스에 대한 신화가 있다. 앞에서 제시한 3세 신화의 뿌리이기도 하다.

시냅스, 뇌를 연결하다

먼저 시냅스에 대해 알아보자. 본격적인 설명을 하기 전에 한 가지 연상을 해보자. 머릿속에 익숙한 그림을 그려놓으면 조금은 어려워 보이는 과학적인 설명도 쉽게 이해할 수 있으니까 말이다.

세상에는 수십억 대의 컴퓨터가 있다. 오래전 컴퓨터는 말 그대로 계산기였고, 기껏해야 데이터 저장 장치로 쓰였다. 하지만 지금은 그 용도가 전혀 달라졌다. 컴퓨터는 곧 인터넷, 네트워크란 말로 바꿔도 무방할 정도로 이메일, 정보 검색, SNS(소셜 네트워크 서비스), 소셜 게임 등의 용도로 쓰이고 있다. 세상에는 수십억 대의 컴퓨터가 있지만 네트워크에 연결되지 않으면 거의 무용지물에 가깝다.

주목할 부분이 바로 '연결(connection)', 즉 접속이다. 컴퓨터가 연결되기 위해서는 우리가 흔히 '잭'이라고 부르는 랜선이 있어야 한다. 컴퓨터의 뒷면 혹은 옆면에 있는 포트에 딸깍 하면서 잭을 꽂으면 내 컴퓨터는 세상에 존재하는 수십억 대의 컴퓨터와 연결된다. 내 컴퓨터 안에 들어 있는 사진, 동영상, 텍스트 등을 순식간에 지구 반대편에도 보낼 수 있다. 반대로 다른 사람의 컴퓨터 안에 들어 있는 정보도 순식간에 내 컴퓨터로 가져올 수도 있다. SNS를 이용하면 무료 문자 서비스는 물론 사진, 동영상도 실시간으로 주고받을 수 있다. 컴퓨터를 켜는 순간 우리는 연결된 세상 속으로 들어가게 된다. 나는 지금 누군가와 연결되어 있다.

다시 시냅스로 돌아와 보자. 우리 뇌에는 대략 1000억 개의 신경세포가 모여 있다. 이걸 세상에 있는 수십억 대의 컴퓨터로 여긴다면 신경세포는 서로 연결되어야 일을 할 수 있을 것이다. 뇌과학에서는 이걸 신경회로의 형성, 패턴화, 네트워크화, 모듈화 등의 용어로 표현한다. 컴퓨터가 랜선 등으로 연결된 상태를 떠올리면 된다. 1000억 개의 신경세포 하나하나가 연결되기 위해서는 어떤 장치가 필요하다. 그러니까 랜선 끝 부분의 딸깍거리는 부분과 기다란 선 또는 무선 연결 장치 같은 것이 필요하다는 말이다. 이런 장치를 바로 시냅스라고 부른다. 흥미롭게도 컴퓨터가 전기 신호, 전자 신호를 통해 서로 연결되는 것처럼 우리 뇌에 들어 있는 신경세포들도 전기 신호를 주고받는다. 쉽게 말하면 신경세포들은 전깃줄로 연결되어 있고 실제로도 전기가 흐른다.

먹고, 숨을 쉬고, 움직이고, 체온과 호흡을 조절하는 등의 생리적인 작용에서부터 언어, 사고, 습관, 더 나아가 마음, 의식, 무의식, 감정, 욕망, 심지어는 영혼의 문제까지도 결국은 시냅스의 형성이라는 신경세포의 작용과 밀접한 관련이 있다. 흔히 21세기를 뇌의 시대라고 부르는 이유도 오랫동안 철학, 종교 등에서 주로 다뤄왔던 인간의 마음, 정신, 영혼의 물리적, 화학적 실체를 뇌과학이 밝혀내 눈으로 직접 확인시켜주기 때문이다.

시냅스는 어떻게 발달하는가[22]

과학자들은 '인간의 뇌는 하늘보다 넓다'라는 표현을 쓰기도 한다.[23] 실제로도 그렇다. 뇌는 결국 가느다랗고 기다란 신경세포들이 모인 다발의 형태다. 한마디로 매우 복잡한 실타래에 비유할 수 있다. 그리고 각각의 신경세포는 적게는 약 1000개, 많게는 약 1만 개의 가지(전깃줄)를 뻗고 있고, 가지의 말단에 각각 시냅스를 형성해서 다른 신경세포와 연결된다. 시냅스는 사실 매우 미묘하고 복잡한 신경(뉴런)들의 연결 지점이기 때문에 시냅스가 형성된 것을 보고 뉴런이 연결되었다고들 말한다. 시냅스의 형성은 신경의 끝 부분이 화학적으로 전기를 주고받는 것이다. 마치 가전제품의 플러그를 꽂아 전기가 통하게 하는 것과 비슷하다.

영·유아기에는 유전자의 프로그래밍에 따라 자동으로 시냅스가 형성되기도 한다. 그래서 시냅스의 밀도를 그래프로 그려보면 생후 1년을 전후한 시기에 가장 최고치에 이른다. 하지만 이후 인간이 되는 방식을 배우고 익히고 연습하는 과정에서 시냅스는 강화(reweighting) 또는 약화되고 재배열(rewiring)되고 다시 연결(reconnection)되고 재생(regeneration)된다. 전 생애에 걸쳐 사람의 뇌에서 일어나는 시냅스와 관련된 이 네 가지 현상(첫머리의 R을 따서 4R이라고 부르기도 한다)은 단순한 전기회로의 형성에 머물지 않는다. 먹고 마시고 숨 쉬고 잠자고 생각하고 움직이는 등의 모든 활동은 시냅스와 관련이 있다. 더 나아가 기억, 추억, 연민, 사랑, 공감, 마음, 정신, 영혼도 그 최초의 시작은 시냅스에서 이뤄진다.

'뇌는 하늘보다 넓다'는 다소 시적인 표현이지만 실제로 뇌가 얼마나 광대한지는 간단한 계산으로도 확인된다. 세포 한 개가 많게는 약 1만 개의 연결을 갖고 있고 사람의 뇌에는 대략 1000억 개의 뉴런이 모여 있으므로 10의 15승의 연결이 가능해진다. 이건 단순하게 계산한 것이고 실제로는 연결이 겹치기도 하고 또 한 번 연결되었다고 해서 그대로 고정되는 것도 아니다. 평생, 아니 지금 이 순간에도 신경세포의 시냅스는 끊임없이 강화되거나 재생되기도 하고 혹은 약화되거나 사라지기도 한다.

인간의 뇌는 하늘보다 넓다[24]

삶을 반영하는 뇌는 세상이, 삶이 그렇듯이 단 한순간도 똑같지 않은 무한한 변화의 세계다. 그러므로 신경세포가 연결되는 양상, 즉 시냅스와 네트워크의 형성을 숫자로 세거나 예측하는 일 따위는 무의미하다. 그래서 최근에는 신경세포들이 이루는 연결, 즉 뇌의 작용을 복잡계(complex system) 물리학으로 설명하기도 한다. 인간의 마음, 의식, 감정, 욕망, 영혼 등의 물리적, 화학적 실체가 밝혀졌다는 사실에 다소 허탈해하던 신비주의자들은 이 대목에 이르러 안도한다. 여전히 뇌는, 인간의 삶은, 세계는 한순간도 쉬지 않고 변화를 거듭하는 신비로 남아 있다. 뇌과학자들 스스로가 '우리는 뇌에 대해 아는 것보다 모르는 것이 더 많다'라고 고백하는 이유도 거기에 있다.

시냅스가 어떤 양상으로 형성되었는지가 곧 그 사람의 고유한 뇌의 모습이 된다. 누구나 똑같이 약 1000억 개의 신경세포를 갖고 태어나지만 이 세포들이 어떻게 연결되고 어떤 패턴을 가지며 어떤 네트워크를 이루는지가 곧 그의 뇌를 설명한다. 이런 과학적 사실은 영화적 상상력으로 재현되기도 한다. 〈아바타〉라는 영화가 대표적이다. 뇌에

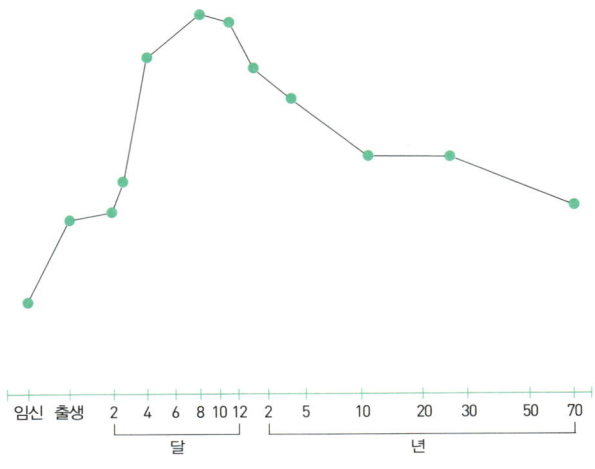

평생에 걸친 시냅스의 밀도 변화

들어 있는 정보들, 즉 시냅스가 이룬 패턴을 또 다른 존재의 뇌로 옮기면 비록 겉모습은 다르지만 나의 분신을 만들 수 있다는 아이디어에 창안한 영화다. 실제로 최근의 뇌과학은 이 부분을 연구하고 있다.

3세 신화는 시냅스의 밀도라는 한 가지 측면에만 지나치게 주목한 결과다. 실제로 한 사람의 일생을 추적하며 시냅스의 밀도 변화를 그래프로 그려보면 생후 1년, 그러니까 만 12개월 무렵에 시냅스의 밀도가 최고치에 이르는 것을 확인할 수 있다.[25]

약 3~4세를 전후한 시기까지 최고치를 유지하던 시냅스의 밀도는 이후 급격하게 감소한다. 이 간단한 그래프로 표현되는 시냅스의 밀도 변화가 바로 '인간의 뇌는 3세 무렵에 거의 완성된다'는 신화의 기반이 되었다. 많은 사람들이 상식처럼 믿고 있고, 또 거대한 영·유아 교육 시장과 교육산업의 기반이 되는 것은 물론 세상의 수많은 세 살배기들이 숨 막힐 듯이 빡빡한 스케줄의 학생으로 살게 된 과학적 근거란 실은 이렇게 간단한 그래프 하나로 표현된다.

나무처럼 숲처럼 아이의 뇌가 자란다

결국 3세 신화의 비극적 재현은 이 그래프를 잘 못 읽은 데서 비롯되었다. 밀도에만 주목하고 시냅스의 강화나 약화라는 재배열 과정, 패턴화, 네크워크 형성 등 더 중요한 문제는 간과한 것이다. 시냅스의 형성은 유전적 요인과 후천적 요인, 두 가지에 의해서 이뤄진다. 후천적이라는 말은 세상에 태어나서 무엇을 경험하는지, 어떤 자극을 받는지, 즉 환경에 영향을 받는다는 의미다.

신경세포가 모여 있는 뇌는 오랜 진화의 과정을 거치는 동안 독특한 전략을 선택했다. 바로 '가지치기'라는 전략이다. 엄마 뱃속에 머물던 태아기부터 뇌는 시냅스를 형성하기 시작한다. 그리고 그 밀도를 생후 1년 무렵에 최고치로 끌어올린다. 이때 신경세포들이 많이 연결되어 있는 것은 맞다. 하지만 그 연결은 매우 약하고 느슨하기 때문에 제대로 작동하지는 않는다. 한 살 무렵의 아기들이 겨우 걸음마를 시작하고, 먹고, 싸고, 숨 쉬고, 잠자고, 우는 것 외에 제 스스로 할 수 있는 일이 거의 없다는 점을 떠올려보면 된다. 시력이나 감각도 형편없어서

툭하면 부딪히거나 넘어지기 일쑤고 뜨거운 물에 손을 담그기도 한다.

앞에서 뇌에 모여 있는 신경세포들을 네트워크로 연결된 컴퓨터에 비유해서 설명했다. 한 살 무렵에 최고치에 이르는 시냅스의 양과 밀도는 껍질도 안 씌워진 전깃줄(전기가 줄줄 세는)이나 임시 가설 공사를 마친 인터넷 선(뚝뚝 끊겨서 데이터를 제대로 주고받을 수 없는)처럼 엉성한 형태를 띠고 있다. 제대로 연결된 상태가 아니기 때문에 당연히 제대로 작동되지 않는다.

이렇게 일단 연결된 신경세포들은 이후 일생을 살아가는 동안 유전적 요인 또는 후천적 자극을 통해 시냅스를 강화하기도 하고 회로를 이루기도 하고 패턴이나 네트워크를 형성하기도 하면서 나만의 고유한 뇌로 발달해간다. 이 과정은 나무가 자라듯이, 숲이 풍성해지듯이 여러 단계를 거치면서 평생을 두고 계속 이뤄지는 것이다.

시냅스의 밀도는 생후 1년을 전후한 시기에 가장 최고치에 이른다.
하지만 이후 인간이 되는 방식을 배우고 익히고 연습하는 과정에서
시냅스는 강화 또는 약화되고 재배열되고 다시 연결되고 재생된다.

• PART 3 •

믿는 만큼 자라는 뇌
• 뇌과학으로 아이에게 다가서는 법 •

chapter 19

인간의 아이라는 특별한 존재

아이는 자라서 어른이 된다. 물론이다. 하지만 그게 다가 아니다. 아이는 어른이 되기 위해 살지 않는다. 아이들에게는 아이들대로의 생애가 있다. 그러므로 인간의 아이라는 특별한 존재들에게는 새로운 이름을 붙여주어야 한다고 생각한다.

호모 사피엔스 우니쿠스

나는 인간의 아이라는 특별한 존재들을 호모 사피엔스 우니쿠스(Homo Sapiens Uniqus)라고 부른다. 인간은 인간인데 독특한, 특별한 인간이라는 뜻이다. 우리가 인간으로 바뀌어온 오랜 진화의 역사에는 호모사피엔스도 있었고 호모 에렉투스(homo erectus, 우뚝 선 사람)도 있었다. 그 이전엔 호모 하빌리스(homo habillis, 도구를 사용하는 사람)도 있었다. 아이들은 우리 어른과는 전혀 다른 독특한 인류다.

　아이들은 국가를 이루지는 못했지만 자신들만의 영토, 자신들만의 세상, 자신들만의 사회를 이루며 나름의 규칙과 질서도 만든다. 선과 악을 구분하는 방법도 알고 있고 자신들만의 방식으로 삶과 죽음도 체험하고 깨닫는다. 죽음을 이해하고 받아들이는 방식도 어른과는 아주 다르다. 절망, 고통, 두려움의 언어 대신 우주의 언어를 사용한다. 하늘의 별이 된다고 말하고 그렇게 믿는다. 해 질 녘 바닷가의 노을을 바라보는 우아한 시선에서는 주변을 침묵하게 하는, 진지하지만 무겁지 않은 강력한 힘마저 느낄 수 있다.

　어른들은 달팽이를 미물로 여기지만 아이들은 친구로 여긴다. 말을 건네고 먹을 것을 나눠준다. 이때 달팽이 곁에 있는 지렁이에게 말을 건네는 것도 잊지 않는다. 아이들은 본능적으로 나 아닌 다른 존재를 대하는 방식을 아주 잘 알고 있다.

　어른들은 자신들에게는 익숙하고 손쉬운 어떤 것들을 잘하지 못한다고 해서 아이들을 미숙한 존재로 여긴다. 이를테면 아이들은 어른들만큼 축구를 잘하지 못한다. 암벽 등반도 잘하지 못하고 운전도 못 한다. 어려운 수학 문제도 풀지 못하고 그림 없이 글자만 가득한 책을 주면 장난감으로 여길 뿐이다. 한 시간 이상 가만히 앉아 있지도 못하고 늘 분주하게 뛰어다닌다. 자기가 깨뜨린 도자기 인형을 접착제로 정교하게 이어 붙여 그럴듯하게 복원시킬 줄도 모르고 정리 정돈은 늘 어려워한다. 위험천만하고 엉뚱한 짓은 아이들의 특기다. 하지만 그 모든 것들이 아이들이 미숙하고 열등한 존재라는 증거가 될 수는 없다. 다만 어른과 아이가 서로 다른 존재라는 증거일 뿐이다.

아이는 미숙하지 않다, 어른과 다를 뿐

그러나 어른들은 19세기, 문명과 야만을 구분하던 서구인들과 같은 시각을 갖게 되었다. 아이를 미숙하고 열등한, 계몽과 교육의 대상으로 여긴다. 그래서 함부로 개입하고 함부로 규정하고 함부로 가르치려 든다. 강요는 다반사고 때로는 폭력도 일삼는다. 그러나 우리는 아이라는 특별한 존재들이 자신들의 생애를 잘살아가도록 그리고 언젠가는 어른이라는 새로운 존재가 되도록 도와줄 수 있을 뿐이다.

최근 30~40년 동안 이뤄진 뇌과학의 많은 진전에도 불구하고 아직 인간에 대해 드러난 사실은 많지 않다. 하지만 적어도 12세까지의 아이들이 매우 독특한 존재이며 어른과는 많이 다르다는 사실은 알게 되었다. 이렇게 밝혀진 사실들 덕분에 아이들에 대한 새로운 인식 역시 등장했다. 그리고 그 새로운 사실들은 아이들에게만 머물지 않는다. 어른은 아이에게서 유래했으므로 인간 존재에 대한 새로운 이해가 시작되었다고도 할 수 있다. 아이들은 오랜 진화의 과정을 통해 설계된 아주 정교하고 절묘하고 우아하고 아름다운 생명체로, 늘 변화하며 새로운 무엇인가를 창조해낸다. 그렇기에 아이들은 짧은 시간에 많은 것을 배우며, 끊임없이 탐구한다.

이제 막 세상에 태어난 신생아들조차 과학자들이 상상했던 것보다 훨씬 많은 것을 알고 있다. 이미 무엇인가를 배우고 탐구할 준비가 되어 있는 것은 물론이고 아주 효과적인 커뮤니케이션까지 구사한다. 아이들은 개나 고양이 같은 동물의 표정에는 반응하지 않지만 사람의 표정은 정확하게 읽어내고 따라 한다. 특별히 아기들은 사람의 표정에만 반응하는 능력을 갖고 있다. 당연하다고? 그렇지 않다. 인간의 표정과 다른 동물의 표정을 구별해내면서 유독 인간의 얼굴에 반응하는 것은 신비에 가깝다. 이렇게 인간의 아이는 아주 빠르게 자신이 인간의 아이라는 사실을 찾아가기 시작한다.

그렇게 인간의 아이는 인간의 정체성에 접근한다. 이것은 다른 사람과 구별되는 나만의 개성을 바탕으로 나 아닌 다른 존재와 관계를 맺는 능력이다. 아기들은 놀라운 호기심과 학습 능력을 이용해 가장 먼저 인간의 정체성을 탐구하고 익히고 배우기 시작한다. 이 과정을 통해 인간의 아이라는 특별한 존재는 인간으로 변모한다.

chapter 20

책만 읽다가 병드는 아이들

강연할 때마다 거의 매번 받는 질문이 있다.

"한쪽에서는 어린 시절의 학습이 평생을 좌우한다고 하고, 또 한쪽에서는 조기교육이 오히려 아이의 뇌 발달에 해롭다고 해요. 뭘 어떻게 해야 하나요?"

그럴 때마다 나는 "아이는, 특히 만 12세 미만의 아이는 학생이 아닙니다. 그 시기의 아이들이 배우고 익혀야 하는 것은 따로 있어요. 공부가 아니라 사람이 되는 방법입니다"라고 대답한다. 뇌과학의 진전과 함께 알려진 구체적인 근거들을 살펴보기 전에 먼저 과도한 인지 학습, 즉 조기 독서 교육으로 인해 정신과 치료를 받고 있는 어떤 아이를 소개하려고 한다.

모든 아기는 천재로 태어난다?

민우는 올해 열한 살이다. 세 살 때부터 소아정신과 치료를 받기 시작해 지난 8년 동안 한 달에 한두 번씩 꼬박꼬박 병원을 찾고 있다. 민우는 유사 자폐라는 진단을 받았다. 유사 자폐란 선천성 장애가 아니라 어떤 원인에 의해 후천적으로 자폐와 같은 증상이 생긴 경우를 일컫는 말로, 후천성 자폐 또는 자폐 성향이라고 불리기도 한다.

엄마는 민우가 생후 18개월이 되었을 무렵부터 이른바 '독서 영재 교육법'을 따라 했다. 독서 영재 교육법이란 자신의 아들을 오직 독서만을 통해 영재로 키웠다고 주장하는 어떤 아빠가 창시한 교육법이다. 새로운 교육법을 창시했다는 아빠는 자신의 아들을 독서 영재의 모델로 내세우면서 사교육을 전혀 받지 않고 오직 독서만을 통해 배려심 깊은 영재로 성장시켰다고 주장한다. 이 아빠는 자신의 아들을 영재로 키운 경험을 바탕으로 지난 10년간 수백 권의 심리학, 교육학 분야의 책을 독학으로 섭렵한 끝에 마침내 '독서 영재 교육법'을 완성했다고 한다.

이 아빠의 이야기는 10여 년 전인 2000년 무렵부터 신문, 잡지, 방송 등을 통해 소개되기 시작했다. 구체적인 독서 영재 교육법을 소개한 단행본도 2~3권 정도 출간되어 있다. 독서 영재 교육법에서는 모든 아기가 천재로 태어나기 때문에 생후 18개월, 그러니까 아직 말도 제대로 하지 못할 무렵부터 책을 읽을 수 있다고 주장한다. 천재인 아기들은 이 무렵부터 하루에 수십 권씩 새벽 4~5시까지 밤을 새워가며 책에 몰입하는 시기를 거친다고 한다. 이 시기는 특별히 '책의 바다에 빠지는 시기', '몰입기'라고 소개되어 있다. 말을 하기도 전에 책의 바다에 빠지는 경험, 이른바 '몰입'을 경험한 아이들은 장차 똑똑하고 배려심 깊은 독서 영재로 성장하게 된다고 한다. 독서 영재 교육법은 영·유아를 둔 젊은 엄마들 사이에서 꽤 유명하다.

민우 엄마는 강원도에서 초등학교 교사로 근무하고 있다. 첫아이인 민우가 태어났을 때 엄마는 누구나 그렇듯이 아이를 잘 키우고 싶다는 평범하지만 간절한 소망에 따라 이런저런 정보들을 접하기 시작했다. 주로 인터넷 검색을 통해 영재 교육법 등을 공부하다가 독서 영재 교육법을 만났다. 영·유아기부터 책을 많이 읽게 하면 장차 사교육을 하나도 받지 않아도 아이를 영재로 키울 수 있다는 설명이 무엇보다 마음에 와 닿았다. 독서 영재들은 지성과 감성을 겸비한 똑똑하고 배려심 깊은 사람으로 성장한다는 사례를 읽으면서 깊은 감동을 받기도 했다. 민우 엄마는 누구보다 열심히 독서 영재 교육법을 따라 하기 시작했다. 그래서 생후 18개월 무렵부터 민우에게 수백 권의 책을 안겨줬다.

민우는 엄마의 바람대로 책에 파묻혀서 지냈다. 독서 영재 교육법을 소개한 책에 나와 있는 대로 정말 말도 못하는 아이가 책을 붙들고 밤을 새우기도 했다. 책을 손에 쥔 채 잠든 민우를 보면서 엄마는 아이가 독서 영재로 자라고 있다는 확신을 갖기 시작했고 대견함과 뿌듯함과 감동을 느끼기도 했다. 민우는 정말 무섭게 책을 읽어 나갔다. 18개월부터 책을 읽기 시작해 25개월 무렵에는 벌써 수천 권을 훌쩍 넘겼다. 말을 곧잘 하면서부터는 어른들이 쓰는 어려운 단어를 말해서 주변 사람들을 놀라게도 했다. 민우는 독서 영재 교육법에서 주장하는 대로 똑똑하고 배려심 깊은 영재로 잘 크고 있는 것처럼 보였다.

독서 영재로 둔갑한 자폐 증상

그런데 민우가 만 세 살, 그러니까 생후 36개월이 지나면서 전에는 하지 않던 이상한 행동을 보이기 시작했다. 뜬금없이 괴성을 지르는가 하면 갓난쟁이 동생을 때리기도 했다. 무엇보다 눈을 잘 맞추지 못했다. 아이를 진정시키기 위해 엄마가 말을 걸면 엉뚱한 곳을 바라보면서 혼잣말로 책에 나오는 구절을 중얼거리기도 했다. 엄마는 덜컥 겁이 나기 시작했다. 특히 민우가 책에 나오는 구절을 중얼거릴 때면 무섭다는 느낌마저 들었다. 엄마는 서울의 종합병원 소아정신과를 찾아갔고 유사 자폐라는 진단을 받았다. 하늘이 무너지는 것 같았다.

대체 무엇이 잘못된 것인가. 엄마는 자신이 그토록 열심히 따라 했던 독서 영재 교육법 커뮤니티에 민우의 사연을 소개하고 상담을 구했다. 며칠 뒤에 이런 요지의 답변이 돌아왔다. '독서 영재들을 병원에 데려가면 유사 자폐라는 진단이 나오는 경우가 있다. 소아정신과 의사들이 독서 영재 교육법을 공부하지 않고 잘 몰라서 내리는 진단이다. 유사 자폐라는 진단을 받았다면 오히려 독서 영재라는 증거일 수도 있으니까 걱정하지 않아도 된다.' 황당했다. 아이가 이상 행동을 보이고 병원에서는 자폐 증상이 생겼다는 진단이 나왔는데 그게 독서 영재의 증거라니.

 엄마는 당장 독서 영재 교육법을 포기했다. 하지만 그 후유증은 너무 깊었다. 8년이 지나고 열한 살이 된 지금도 민우는 한 달에 한두 번은 병원에 가야 한다. 일반 학교에 다니고는 있지만 가끔씩 소리를 지르거나 친구들에게 심하게 짜증을 부리는 등 문제 행동은 아직도 완전히 없어지지 않았다. 도대체 무엇이 잘못된 것일까.

아이는 어른이 되기 위해 살지 않는다.
인간의 아이라는 특별한 존재는 어른과는 전혀 다르다.
아이들은 본능적으로 나아닌 다른 존재를 대하는 방식을 아주 잘 알고 있다.

chapter 21

무엇이든 될 수 있는 아이들의 잠재력

"몇 시간씩 틀어박혀 숙제를 한다고 더 좋은 뇌가 만들어지는 것은 아니라는 사실을 확인할 수 있었어요."

"결국 뇌가 원하는 게 노는 것이라는 사실이 밝혀지면 어떻게 될까요? 만약 맘껏 놀 때 뇌가 가장 잘 자란다면요?"[1]

미국 국립정신보건원(NIMH)의 제이 기드(Jay Giedd) 박사가 언론과의 인터뷰에서 한 말이다. 그는 지난 10여 년간 정상적인 아이들의 뇌를 스캔하는 연구를 장기간 수행해오고 있다. 그는 청소년 뇌 연구 분야에서 독보적인 존재로, 현재 미국 국립정신보건원의 소아정신과 뇌영상 연구팀을 이끌고 있다. 그의 연구 결과들은 아이들의 질병 치료법에서부터 아이들에 대한 부모의 양육관, 교육 개혁뿐만 아니라 십대 범죄자를 재판하는 방식 등에 이르기까지 아이들과 관련된 수많은 분야에 강력한 영향을 미치고 있다. 제이 기드 박사는 아이에 대한 생각을 완전히 바꾸는 획기적인 연구 결과들을 쏟아내고 있고 그의 논문은 2008년 이후에만 2만 건 이상의 인용 횟수를 기록하고 있다. 그가 이렇게 주목받는 이유는 오랜 시간에 걸친 방대한 연구 때문이다.

인류 역사상 최초의 연구

제이 기드 박사는 살아 있는 십대 수백 명의 뇌를 fMRI 등 첨단 장비를 이용해 실시간으로 관찰했다. 사실 1990년대 이전에는 살아 있는 사람의 뇌를 실시간으로 들여다볼 수 있는 기술이 없었다. 그래서 뇌 연구는 죽은 사람의 뇌를 꺼내 현미경으로 들여다보거나 뇌 질환자들의 이상 행동을 관찰하고 분석하는 것이 대부분이었다. 실제로 어떤 과학자는 나이별로 죽은 아이의 뇌를 구해 일일이 시냅스의 수치를 측정하기도 했다.

  뇌 영상 장비가 막 개발되기 시작했던 1980~90년대 초에는 주로 뇌가 연료로 사용하는 포도당의 수치를 측정하거나 원숭이 등 영장류의 뇌를 간접적으로 조사하는 것에 그쳤다. 하지만 제이 기드 박사는 살아 있는 아이들의 뇌를 관찰함으로써 아이들이란 어떤 존재인지, 아이들에게 무엇이 필요한지 등의 새로운 사실들을 밝혀냈다. 제이 기드 박사는 그 결과를 다음과 같이 요약한다.[2]

"최근의 뇌과학 연구에서 가장 흥미로운 발견은 인간의 뇌가 믿을 수 없을 정도로 잘 변화한다(plastic)는 사실입니다. 오랫동안 사람들은 약 6세 이전의 아주 어린 나이에 인간의 뇌가 고정된다고 여겼었죠. 왜냐하면 6세가 되면 어른 뇌의 95퍼센트 크기로 뇌가 자라니까요. 그래서 심지어는 이런 말을 하기도 했어요. '내게 5세 이전의 아이를 보내시오. 그러면 그 아이를 목사든 도둑이든 학자든 무엇으로든 만들어 주겠소.' 하지만 지금은 그게 사실이 아니라는 것을 알게 되었지요. 십대 혹은 그 이전의 아이들은 변화할 수 있는 어마어마한 능력을 갖고 있어요. 무엇이든 될 수 있는 능력이야말로 가장 강력한 아이들의 힘이죠."[3]

제이 기드 박사 등 현대의 뇌과학자들이 발견한 아이들 뇌의 어마어마한 변화 가능성은 흔히 문자 학습(한글이나 영어), 독서 교육 등 이른바 인지 학습의 근거로 인용되기도 한다. 생후 6개월밖에 되지 않은 영아들을 대상으로 한글, 영어, 수학 등의 학습 프로그램이 등장할 정도로 점점 심해지는 조기교육 열풍은 모두 아이들의 뇌가 지닌 어마어마한 변화 능력을 감안한 것이라고 봐야 한다. 하지만 이런 방식의 조기 학습에 대해서 제이 기드 박사는 크게 걱정하고 있다.

"제가 가장 우려하는 점이 지금 일어나고 있어요. 뇌과학의 성과들이 지나치게 서둘러 교육에 적용되고 있지요. 너무 많이 나간 셈이지요. 우리가 봐온 수많은 교재, 교구, 학습법 등이 정말 아이들에게 도움이 되는지에 대한 어떠한 과학적인 근거도 찾아볼 수 없었습니다.

모든 과학적 진보에도 불구하고 우리 같은 뇌 연구자들이 드릴 수 있는 가장 좋은 조언은 우리 할머니들이 수세대 전부터 들려주셨던 말씀입니다. '아이에게 사랑을 베풀어라, 아이들과 함께 좋은 시간을 보내라.' 어떤 분들은 실망하기도 하더군요. 하지만 저는 미디어에 등장하는 과학적 근거가 없고 앞뒤도 맞지 않는 기사들보다는 그게 훨씬 낫다고 생각합니다."[4]

아이들은 언제부터 무엇을 배울 수 있을까

아이들이 태어나자마자 보이기 시작하는 놀라운 잠재력들과 십대 이후에도 멈추지 않고 어마어마하게 변화하는 능력들을 '공부하는 능력'으로 둔갑시킨 것은 어른들의 비뚤어진 욕망 탓이다. 건강하고 똑똑한 아이를 원한다면 아이 스스로 잘 자랄 수 있게, 아이의 뇌가 잘 발달할 수 있게 도와줘야 한다.

책은 좋은 것이니 한 살이라도 어릴 때 한 권이라도 더 읽어야 한다는 생각은 어느덧 상식이 되었다. 몇 년 전 우리나라 아이들이 몇 살부터 문자 교육을 받는지를 조사한 결과가 발표되었다. 이 통계에 의하면 만 1세 아이의 26.7퍼센트, 만 4세 아이의 44퍼센트, 유치원에 들어가는 만 5세 아이의 76퍼센트가 한글, 영어 등 문자 교육을 받기 시작한다.[5]

초등학교에 들어가기 전에 한글 정도는 깨우쳐야 한다는 생각은 상식이 되었다. 하지만 이런 생각이 상식으로 통하는 나라는 우리나라 밖에 없다. 유럽과 미국을 포함한 대부분의 나라에서는 나라도 만 6세 미만의 어린아이에게 문자 교육을 시키지 않는다. 일부 나라는 만 6세 미만 아이에 대한 문자 교육을 법으로 금지시키기도 했다. 우리나라 역시 인증받은 어린이집, 유치원 등에 적용하고 있는 '누리과정'을 보면 문자 교육 등 인지 학습은 포함되어 있지 않다. 일부 국·공립 유치원 등은 이 지침을 잘 따르지만 대부분의 아이들은 사설 어린이집이나 유치원에 다니고 있다. 게다가 사교육시장이 아이들의 교육을 압도해 버린 상황에서 정부의 지침은 유명무실하기만 하다.[6]

  이런 상황을 대할 때마다 안타까운 점이 한 가지 있다. 현실을 적나라하게 확인하고 새로운 뇌 연구 결과를 소개하기에는 국내의 연구가 너무나 미흡하다. 지금 이 나라에서 벌어지고 있는 조기교육 열풍은 전 세계적으로도 유례가 없는 일이다. 발달심리학, 소아정신과학 분야 등의 일부 전문가들이 수년 전부터 연구를 하고는 있지만 아이들의 뇌에 대한 본격적인 연구라고 하기에는 부족한 실정이다. 이는 아이들의 뇌를 이야기하기 위해서는 외국의 연구 결과를 인용할 수밖에 없는 한계로 나타난다.

chapter 22

아이의 뇌에는
글자가 잘 들어가지 않는다

"만 6세 미만의 아이에게 글자를 가르치는 것은 생물학적으로 매우 위험한 일이다."

미국 터프츠대 교수이자 '읽기와 언어 연구 센터(Center for Reading and Language Research)'의 책임자인 메리언 울프(Maryanne Wolf)는 《책 읽는 뇌》에서 너무 이른 시기에 행해지는 문자 교육을 단호하게 비판한다. 메리언 울프에 따르면 아이가 글을 읽는 것은 쉽고 자연스러운 일이 아니라 뇌의 학습 역량이 진화하는 과정에서 생겨난 독특하고 어려운 능력으로 배우고 훈련해야 얻을 수 있다. 따라서 아이들에게 무리한 방식으로 서둘러 책을 읽혔다가는 놀라운 일이 일어나기도 하고 또 비극적인 결과가 일어나기도 한다.[7]

뇌의 생물학적 시간표

《책 읽는 뇌》는 책 읽기와 뇌 발달의 관계를 전면적으로 다룬 보기 드문 책이다. 이 책에서는 우리가 익숙하게 알고 있는 것처럼 영아 때부터 시작되는 아기들의 천재적인 언어 능력을 아주 자세하게 묘사하고 있다. 하지만 아기들에게 문자를 가르쳐서 직접 책을 읽게 하라는 내용은 어디에도 나오지 않는다.

아기들은 소리를 구분하고 단어를 익히기 시작해서 만 5세 무렵이면 문장, 문단, 통사 구조를 익힌다. 이 과정은 모두 소리를 통해 이뤄진다. 아이가 책을 붙잡고 문자라는 상징을 시각적으로 파악하고 그 의미를 인지하기 위해서는 뇌의 생물학적 시간표가 고려되어야만 한다. 뇌의 생물학적 시간표란 아이의 뇌가 발달하는 단계를 의미한다. 문자 등을 통해 본격적으로 정보를 받아들일 수 있는 시기는 우리가 알고 있는 나이보다 훨씬 나중인 12세 무렵이다. 아이들마다 개인 차가 분명히 있고, 또 남녀 간에도 차이가 있지만 문자를 통한 책 읽기는 아이들의 뇌에 별도의 회로가 갖춰져야만 가능한 일이다.

"독서는 다양한 정보원, 특히 시각 영역과 청각, 언어, 개념 영역을 연결하고 통합할 수 있는 뇌의 능력에 의존한다. 네 살이나 다섯 살이 되기 전 아이들에게 독서(문자를 통한 책 읽기)를 가르치는 것은 생물학적으로 매우 경솔한 일이며 많은 경우 역효과를 낼 수 있다."[8]

울프 교수의 말대로 아이들의 뇌는 아직 문자라는 복잡한 정보를 받아들일 준비가 되어 있지 않다. 다섯 살 혹은 일곱 살이 되어도 준비가 갖춰지지 않는 아이들도 많다. 아이들의 뇌에는 문자라는 자극이 감당하기 힘든 정보다. 실제로 영국 케임브리지 대학교의 우샤 고스와미(Usha Goswami) 교수 연구팀은 이를 실증적인 연구로 입증했다. 연구팀은 세 가지 문자를 대상으로 다섯 살 무렵부터 글자를 익혀 책을 읽은 아이들과 일곱 살 무렵부터 글자를 익힌 아이들의 학업 성취도를 비교했다. 그 결과 글자를 일찍 배운 아이들의 학업 성취도가 훨씬 낮았다.[9] 너무 빨리 시작되는 문자 교육은 오히려 아이의 뇌 발달에 독이 될 가능성이 있는 것이다.

문자가 아닌 생존 본능을 배워버린 아이들

앞서 소개한, 이른바 독서 영재 민우는 만 두 살이 안 된 생후 18개월부터 책을 잡기 시작해 25개월 무렵에는 그림책에 있는 문장들을 아주 능숙하게 읽어냈다. 결과적으로 유사 자폐라는 뇌의 병이 생기고 말았지만 민우가 보인 문자 해독 능력은 어떻게 설명할 수 있을까. 발달심리 전문가들은 바로 이런 점이 사교육시장 그리고 엄마들의 욕심을 자극하는 부분이라고 지적한다.

민우가 한글을 빨리 익힌 과정은 어른들의 문자 처리 과정과 전혀 다른 과정이라는 것이다. 한마디로 말하면 외웠을 가능성이 크다는 것이다. 아이들은 본능적으로 자신을 돌봐주는 주 양육자의 눈치를 본다. 그래서 주 양육자가 좋아하는 행동을 지속적으로 반복하는 경향을 보인다. 아이들은 그렇게 해야만 안정적으로 보살핌을 받게 된다는 사실을 알고 있다. 말하자면 이는 살아남기 위한 본능이다.

어떤 전문가는 아이들의 이런 행동을 동물원에서 재주를 부리는 돌고래의 습성에 비유하기도 한다. 실제로 돌고래는 4~5세 아이 정도의 지능을 갖고 있는 것으로 알려져 있다. 즉 돌고래가 재주를 부리는 이유는 자신을 돌봐주는 사육사가 시키는 대로 훈련한 결과이지, 자신이 원해서가 아니다. 게다가 돌고래가 실수 없이 재주를 부리면 사육사는 특별히 준비한 맛있는 생선을 선물한다. 문제는 이런 생활이 지속되었을 경우 나타난다. 극심한 만성 스트레스 상태가 지속되면 결국 우울, 무기력 등 정신이상 증세를 보이기도 한다.

민우 엄마는 아이가 책을 좋아하고 잘 읽는, 이른바 독서 영재가 되기를 간절히 바랐다. 그래서 많은 책으로 아이 주변에 성을 쌓고 생후 18개월 된 꼬맹이에게 글자를 짚어가며 읽어주었다. 어린 민우는 엄마가 좋아하는 행동, 즉 책을 잡고 놀거나 읽는 시늉을 반복적으로 흉내 내서 따라 했다. 그러다 보니 책의 내용도 외울 정도가 되었고 엄마의 눈에는 아이가 글자를 읽는 것으로 보였던 것이다. 엄마는 기뻐했겠지만 아이는 만성적인 스트레스 상태에 놓였을 가능성이 매우 높다. 성급할지도 모르지만, 씁쓸한 결론이 아닐 수 없다.

ⓒSermnovik

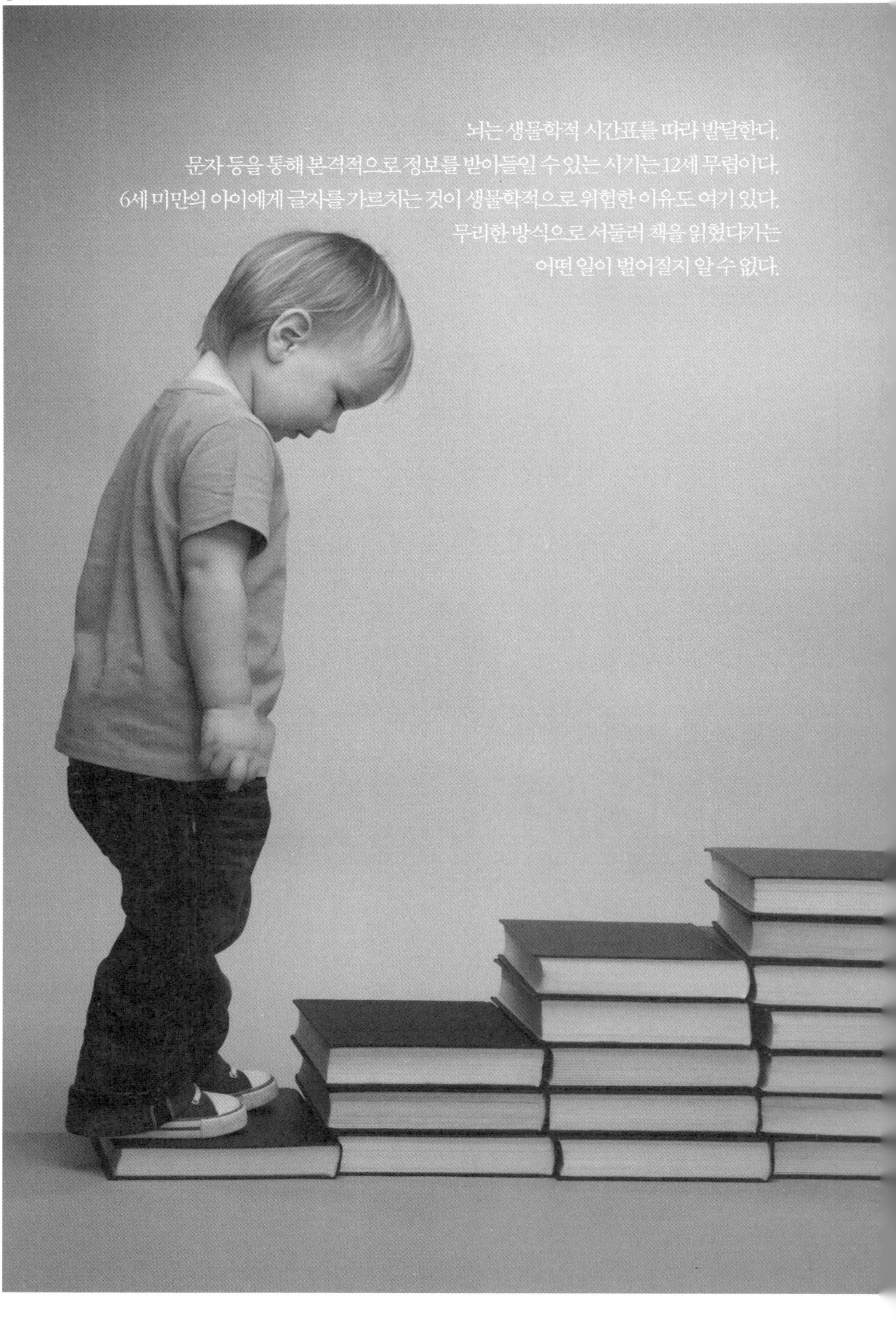

뇌는 생물학적 시간표를 따라 발달한다.
문자 등을 통해 본격적으로 정보를 받아들일 수 있는 시기는 12세 무렵이다.
6세 미만의 아이에게 글자를 가르치는 것이 생물학적으로 위험한 이유도 여기 있다.
무리한 방식으로 서둘러 책을 읽혔다가는
어떤 일이 벌어질지 알 수 없다.

chapter 23

스트레스,
아이 뇌의 천적

2008년 서울시 소아청소년 광역정신보건센터가 네 개 자치구의 초등학생 1400여 명을 상대로 ADHD 검사를 실시한 결과 유병률이 5.1퍼센트로 나타났다. 중학교 1학년생 3600여 명을 대상으로 실시한 우울증 검사의 유병률은 약 3퍼센트로 이전의 조사보다 두 배나 늘어난 결과를 보였다. 또 한 언론사가 서울 시내 초·중·고생 2700여 명을 대상으로 정신장애 조사를 실시하고 그 결과를 정밀 분석했더니 16.7퍼센트의 아이들이 ADHD, 반항장애, 틱 장애(Tic Disorder) 등을 앓고 있는 것으로 드러났다.[10]

> **틱 장애**(tic disorder): 아이들이 특별한 이유 없이 자신도 모르게 얼굴이나 목, 어깨, 몸통 등의 신체 일부분을 아주 빠르게 반복적으로 움직이거나 이상한 소리를 내는 등의 증상으로, 뇌의 이상에서 비롯된다.

한 반에 1~5명 정도는 정신 건강에 문제가 있다는 이야기다. 분석에 참가한 소아정신과 전문의는 전국 약 900만 명의 유치원생, 초·중·고생 가운데 약 200만 명 정도가 다양한 정신 질환의 위험을 보이고 있는 것으로 추산했다. 그리고 이 추세는 시간이 지날수록 더욱 증가하고 있다.

스트레스의 영향에 대해 알아보기 전에 우선 아이들의 뇌가 어떻게 발달하는지를 짚어보자. 사실 아이들의 뇌는 매 순간 바뀐다고 해도 과언이 아니다. 아이들은 전 생애를 통틀어 가장 역동적으로 변화하는 시기를 보내고 있다. 3세 무렵까지 폭풍처럼 계속되던 시냅스의 연결은 이후 가지치기, 솎아내기 과정을 거치다가 다시 12세 무렵 제2차 폭풍의 시기를 맞이한다. 사춘기 무렵인 16세까지 특히 전두엽 부분을 리모델링한 아이의 뇌는 서서히 어른의 뇌로 변해가지만 그렇다고 뇌의 기초 공사가 모두 끝나는 것은 아니다. 뇌의 뒤쪽 깊숙한 안쪽에 자리 잡은 소뇌(cerebellum)의 경우 20대 초까지도 여전히 리모델링을 거듭한다. 아이의 뇌에서 일어나는 폭풍 같은 변화에는 유전자가 주도하는 시기(experience-expectant)도 있고, 환경이 주도하는 시기(experience-dependent)도 있다.

뇌 발달, 유전과 환경의 주고 받기

과학자들은 아이의 뇌에서 일어나는 발달 과정을 배구나 테니스 경기의 '서브'와 '리시브'에 비유한다. 서브만으로 경기가 이뤄지지 않는 것처럼 리시브만으로 경기가 이뤄질 수도 없다. 경기에 나선 양 팀은 공을 주거니 받거니 하는 사이사이에 시간차 공격, 속공 등 다양한 전술을 동원해 경기를 이끌어간다. 이런 식으로 경기의 내용이 만들어지는 것이다.

아이의 뇌 발달도 이와 같이 유전자(DNA)와 환경이 서로 상호작용하면서 폭풍처럼 거세지만 아주 더디게 약 20년의 시간을 두고 서서히 이뤄진다. 어느 한쪽이 빠지면 경기가 성립될 수 없듯이 아이의 뇌 발달도 유전자와 환경의 상호작용으로 이뤄지는 것이다. 뇌의 기본 구조를 이루는 것은 유전과 경험(환경)이라는 두 가지 기둥이다. 이를 뇌 발달의 핵심 원칙이라고 부른다. 사실 아이의 뇌가 자라는 환경 가운데는 개인이 조작할 수 없는 것들도 많다. 이를테면 지금 벌어지는 글로벌 경제 위기, 사회적 불안, 저출산, 육아 스트레스 등은 개인이 아무리 노력해도 바꾸기 힘든 요소들이다. 실은 이 모든 것이 아이의 생애, 아이의 뇌 발달에 영향을 미치고 있다고 해도 과언이 아니다.

언어의 문제만 해도 그렇다. 언어는 유전자에 의해 아이의 뇌에 장착되어 있다. 이 유전자는 씨앗과 같다. 씨앗이 싹을 틔우기까지 적절한 토양, 물, 햇빛, 바람, 별빛, 달빛은 물론이고 눈에는 보이지도 않는 토양 속의 미생물도 영향을 미친다. 언어 유전자도 마찬가지다. 갓 태어난 아기가 생후 18개월 무렵부터 보이는 언어의 빅뱅을 맞이하기 위해서는 모국어 혹은 모성어라는 풍부한 언어 환경에서 자라야 한다.

대가족, 많은 친구, 마을이면 더 좋다. 풍부한 언어 환경이란 책이나 비디오 등이 아니라 자연스럽게 이뤄지는 긍정적인 사회적 관계를 말한다.

하지만 이미 가족은 해체되었고 마을은 사라졌으며 친구조차 만나기 쉽지 않은 상황에서 아이들이 풍부한 언어 환경에서 자랄 수 있을까. 그렇다면 긍정적이고 다양한 사회적 관계를 만들어 아이가 집중하고, 관심을 표시하고, 대화를 주고받는 등의 풍부한 언어 환경에 자연스럽게 접하도록 도와주어야 한다. 그래서 언어는 배우는 것이 아니라 습득하는 것이라고들 한다. 하지만 지금의 언어 교육은 단어와 문장을 익히고 문자를 익히는 것에 국한되고 만다.

스트레스가 치명적인 이유

아이가 건강한 뇌를 갖도록 유전자와 환경이 벌이는 상호작용에서 스트레스는 결정적인 작용을 한다. 스트레스, 그중에도 특히 만성적인 스트레스는 아이들의 유전자가 발현되는 것을 억제한다. 수많은 자폐 영재들에게서 나타난 다양한 정신적인 질환들, 즉 뇌에 생긴 병은 스트레스로 인해 아이 뇌에 잠재된 유전자가 드러나지 못한 결과다. 따라서 부모들은 아이들의 뇌에 스트레스가 어떤 영향을 끼치는지를 충분하게 이해할 필요가 있다.

스트레스는 오랜 진화의 과정을 통해 습득한 절묘한 생존의 기술이다. 오래전 원시 인류는 천적이 나타났을 경우 맞서 싸우든가, 아니면 잽싸게 도망을 쳐야(fight or flight) 살아남을 수 있었다. 이런 비상 상황이 닥치면 우리 몸은 스트레스 호르몬이라 불리는 '코르티솔'이 호르몬 수치를 급격하게 올린다. 코르티솔 수치가 높아지면 몸은 비상 상황이 벌어졌다는 것을 알아차리고 심장의 혈압을 급속하게 높여서 근육으로 피를 몰아주는 등의 반응이 일어난다. 그리고 비상 상황이 끝나면 다시 코르티솔 수치를 떨어뜨려 정상 상태로 복구시킨다.

만성적인 스트레스는 아이의 뇌에 치명적인 독이 된다. 스트레스 상태가 지속되면 코르티솔 수치가 늘 높은 상태를 유지하게 된다는 점을 기억해야 한다. 코르티솔은 사이토카인(cytokine)이라는 단백질 결합을 일으켜서 신경세포의 형성 등에 관여하는 유전자에 영향을 끼친다. 그 결과 뇌의 기본 구조 형성이 방해를 받게 되고 건강한 뇌 발달은 기대할 수 없게 된다. 뇌의 기본 구조와 관련된 것이므로 이 문제는 평생 동안 지속된다. 그 밖에도 높은 코르티솔 수치는 공격 성향 등의 원인이 되기도 한다. 단 한순간도 쉬지 않고 폭풍처럼 바뀌는 아이들의 뇌에 만성적인 스트레스 상황은 치명적인 독과 마찬가지다.[11]

나쁜 스트레스와 좋은 스트레스

스트레스가 꼭 나쁜 것만은 아니다. 적절한 스트레스는 아이들의 성장에 오히려 필요하다. 그래서 아이들의 스트레스는 세 가지로 나눌 수 있다. 첫째, 긍정적인 스트레스다. 이 경우에는 높아졌던 코르티솔 수치가 다시 정상으로 돌아오기 때문에 오히려 뇌 발달에 도움이 된다. 아이가 자신을 어르는 엄마 아빠와 눈을 맞추거나 일상적인 경험을 하거나 새로운 사람과 만나고 헤어지거나 다른 사람을 따라하는 등이 여기에 해당한다.

둘째, 견딜 만한 스트레스다. 자연재해를 입거나 몸이 아프거나 부모와 장기간 이별하는 등이 여기 해당한다. 견딜 만한 스트레스 상황에서는 아이를 도와주는 누군가의 역할이 매우 중요하다. 적절한 도움, 외부의 좋은 자극, 든든한 애착 관계 등이 코르티솔 수치를 떨어뜨린다.

셋째, 독이 되는 스트레스다. 아이가 누구의 도움도 받지 못하고 혼자서 겪어내야 하는 모든 상황을 말한다. 가장 강도가 세다. 즉 부모와 같이 있더라도 외면당한다거나 친구들로부터 따돌림을 당하거나 우리나라의 많은 아이들처럼 만성적인 학습 스트레스에 시달리는 경우가 여기 해당한다. 생애 초기부터 시작되는 문자 학습, 사회적 관계가 배제된 언어 환경, 밤늦게까지 계속되는 학원 교습 등이 우리 아이들을 가족의 도움으로도 해결할 수 없는 스트레스 속으로 밀어 넣고 말았다.

하지만 어른들은 자신의 아이를 영재로 키우고 싶다는 욕망이 스트레스를 유발해 오히려 아이의 뇌 건강을 위협하고 있다는 사실을 깨닫지 못하고 있다. 20년 가까이 살아 있는 아이들의 뇌를 연구해온 미국 국립정신보건원의 제이 기드 박사는 어른들의 탐욕에 대해 이렇게 일침을 가한다.

"아이의 뇌가 변화무쌍하다는 것은 놀라운 능력이다. 하지만 그만큼 아이의 뇌가 잘못될 가능성도 많다. 어른들은 아이의 뇌가 발달할 시간을 허락해야 한다."[12]

chapter 24

매직 파워, 놀이가 뇌를 만든다

하루 종일 아이들을 놀리는 학교가 있다. 노는 것이 이 학교 아이들의 일이다. 학교에서 공부는 안 하고 놀기만 한다고? 물론 공부를 하기는 한다. 노는 사이사이 잠깐씩 수업을 한다고 표현하는 것이 더 어울리겠다. 충남 논산시에 있는 도산초등학교의 이야기다. 이 학교는 행정구역상으로는 도시에 속해 있지만 사실은 산간벽지에 위치하고 있다. 충남 논산시, 금산군, 대전시가 접해 있는 대둔산 자락의 수락계곡 어귀에 이 학교가 있다. 좀 놀 줄 아는 아이들, 도산초등학교 아이들의 일상으로 들어가 보자.

하루 종일 노는 학교

대둔산의 수락계곡이 병풍처럼 감싸고 있는 교정으로 들어서면 다른 학교에서는 운동회 때나 내거는 만국기가 펄럭인다. 이곳에서는 1년 내내 만국기를 걸어놓는다. 박상영 교장 선생님은 이렇게 말한다.

"아이들이 매일매일 신나는 축제처럼 지냈으면 좋겠다고 생각했어요. 일 년에 한 번 운동회를 할 때만 만국기를 걸어야 한다는 법이 있는 것도 아니잖아요."

학교는 골프 연습장, 풋살 경기장, 롤러 블레이드 전용 트랙 등 리 단위의 시골 학교라는 것이 믿기지 않을 정도의 시설을 갖추고 있어서 마치 스포츠클럽 같다. 학교의 넓은 옥상은 S보드 경기장으로 활용된다. 작년부터는 D-리그(도산초 축구 리그)도 창설되어 1년에 무려 136경기를 소화한다. 교장 선생님은 아이들이 남학생 여학생 구분 없이 모두 골을 넣었을 때의 기쁨을 느껴봤으면 좋겠다고 말한다.

이 학교 아이들은 누구나 두세 개 정도의 스포츠 종목을 즐긴다. 그렇다고 체육 특기생으로 키우려는 것은 아니다. 아이들은 자기가 원하는 종목을 스스로 선택해서 하루 종일 친구들, 선생님과 어울려 뛰어논다. 학원에 다닐 시간이 없어서 사교육도 사라졌다. 하루 종일 맘껏 뛰어논 아이들은 저녁때가 되면 실컷 먹고 일찍 잠자리에 든다.

방금 전에 축구 시합을 마치고 땀을 뻘뻘 흘리고 있는 5학년 아이에게 물었다.

"힘들지 않니?"

"재밌어요! 예전 학교는 공부만 시키고 학원에도 다녀야 해서 힘들고 재미없었는데 전학 온 뒤로는 학교에 놀 것도 많고 친구들도 많아서 너무 재밌어요."

2009년에만 해도 도산초등학교는 학생 수가 30여 명에 불과한 폐교 대상 학교였다. 박상영 교장 선생님이 새로 부임하면서 '노는 학교'의 실험이 시작되었다. 전교생을 대상으로 0교시 체육 활동이 도입되었다. 종목도 다양해서 축구, 골프, 승마, S보드, 풋살, 롤러 블레이드, 방방이 등 아이들이 원하는 종목들이 매년 조금씩 추가되었다.

도산초등학교는 예산이 풍부해서 다양한 시설과 프로그램을 갖춘 것이 아니었다. 폐교 대상이던 산간벽지 학교에 무슨 예산이 있었겠는가. 교장 선생님은 시교육청은 물론이고 각종 공모 사업에 지원해서 어렵게 마련한 예산을 이리저리 아끼고 쪼개서 아이들의 놀이터를 만들었다. 골프 연습장의 경우 용접 기술자로 일하는 학부모 한 분이 직접 설계해서 선생님들과 함께 제작했다. 대부분의 학교들처럼 입찰을 거쳐 용역을 주는 경우 예산은 걷잡을 수 없이 불어난다. 그래서 선생님과 부모님들이 직접 팔을 걷어붙이고 일일이 시설과 프로그램을 갖추었던 것이다. 박상영 교장 선생님은 산골벽지의 도산초등학교 학생들이 도시 아이들한테 주눅 들지 않도록 굳이 골프, 승마 같은 고급 스포츠도 선택했다.

한때 폐교 대상이었던 이곳이 신나는 학교라고 알려지면서 전학 오는 아이들이 꾸준히 늘고 있다. 올해 학생 수는 133명으로 폐교 위기에 몰렸던 5년 전에 비해 네 배가 넘는다. 출신 지역도 다양해서 서울, 경기, 광주, 전북, 경북 등 전국 각지에서 유학 온 아이가 전교생의 3분의 2를 넘는다. 학교가 살아나면서 마을도 살아났다. 아이와 함께 아예 온 가족이 귀촌하는 경우도 점차 늘어서 마을 어귀엔 이들을 위한 주택이 한창 신축 중이다. 쇠락하던 산골 마을 주민들은 활기를 되찾았고 의욕도 높아졌다.

최근 학교와 주민들은 오랜 바람인 체육관 건립을 추진 중이다. 비가 오고 눈이 오면 교실에만 머물러야 하는 아이들이 안쓰러워서 또 무리한 일을 벌인 것이다. 2014년 초 논산시에 체육관 건립 지원을 요청했더니 시장이 그랬단다. 1000명 이상 주민의 서명을 받아오면 지원하겠다고. 사람 드문 산골 마을에서 1000명 이상의 서명을 받는 것은 불가능한 일이라 생각하고 그렇게 말했다는데 학부모들은 인근 23개 리의 주민들을 일일이 찾아다니면서 목표를 훨씬 뛰어넘는 1500명의 서명을 받아냈다. 모두 불가능할 거라고 여겼던 기적 같은 일이 벌어진 것이다. 쇠락하던 마을이 아이들로 북적거리기 시작하면서 주민들의 생각도 삶도 바뀌고 있다.

그런데 도산초등학교 아이들의 일상에서는 흥미로운 점이 발견된다. 바로 어느 누구도 아이들에게 이래라 저래라 하지 않는다는 사실이다. 아이들은 자기들이 원하는 종목을 마음대로 선택할 수 있고, 또 하기 싫으면 안 해도 그만이다. 그래서 박상영 교장 선생님은 놀이 시설을 갖추는 것에 그치지 않고 학교 면적의 약 3분의 1에 해당하는 넓은 텃밭을 마련하고 도서관도 리모델링했다. 교정 여기저기에는 옹기종기 모여서 수다를 떨 수 있는 그늘막과 벤치도 만들었다. 아이들은 자기가 좋아하는 장소에서 좋아하는 친구들과 마음껏 뛰어놀 수 있고, 쉴 수 있고, 책을 읽을 수 있고, 텃밭에 물을 주거나 잡초를 뽑을 수 있고, 달팽이나 지렁이를 구경할 수도 있다.

그렇다면 이렇게 성장하고 있는 도산초등학교 아이들의 뇌에서는 어떤 일이 벌어지고 있을까. 빡빡한 학습 프로그램과 짜여진 놀이 프로그램에 익숙한 대부분의 다른 아이들과는 달리 '마음껏 놀기'라는 환경 안에서 자라는 도산초등학교 아이들의 뇌에는 분명히 뭔가 특별한 점이 있을 것이다.

상품이 된 놀이

두뇌 계발, 두뇌 발달, 지능 계발, 지능 발달. 흔히 이런 용어들은 마구 뒤섞여서 쓰인다. 그리고 아이들의 뇌 발달을 위해서는 보다 어린 시기에 뭔가 특별한 프로그램, 즉 공부를 시작해야 한다는 믿음이 상식처럼 자리 잡았다. 나중에 책을 많이 읽어야 하므로 갓난아기 때부터 한글 등 문자 교육을 시킨다. 나중에 수학을 잘해야 하므로 3~4세 아이들이 다니는 어린이집과 유치원에서도 수학 교육을 시킨다. 또한 성공한 사람과 글로벌 인재의 필수 조건인 영어 교육도 빠뜨리지 않는다. 뇌 발달을 위한 조기교육은 만 2~3세까지 내려왔다. 그리고 초등학교 4학년 무렵부터는 이른바 선행학습이 시작된다. 이때는 토익과 고등학교 수학까지 가르친다. 물론 이런 대부분의 일들은 사교육시장이 담당한다.

꼼꼼하고 치밀한 사교육시장은 정서, 감성, 인성, 사회성 발달 등도 놓치지 않는다. 공부(인지 학습)에만 치중하면 놓치기 쉬운 아이들의 정서, 감성, 인성, 사회성 등을 발달시키기 위해 뇌 호흡 같은 명상 프로그램, 좌·우뇌의 밸런스를 교정해준다는 다양한 프로그램도 등장했다. 방학이 되면 아이들은 각종 체험 프로그램에도 참여하고 놀이와 학습을 융합했다는 캠프에도 다녀온다. 이제는 공부뿐만이 아니라 정서, 감성, 인성, 사회성 발달을 위한 별도의 교육에도 참여하는 것이 필수처럼 여겨진다. 사교육시장은 패션시장과 거의 비슷하다. 계절이 바뀔 때마다 디자인을 바꾼 새로운 상품들이 등장해서 유행하다가 사라지는 과정이 반복되는 것처럼 사교육시장의 상품들도 비슷한 방식으로 유통되고 소비된다. 많은 부모들은 돈을 주고 구입하는 이런 프로그램들이 아이들을, 이른바 지성과 감성을 겸비한 21세기형 인재로 자라게 해주리라 믿는 것 같다.

그런데 과연 이런 프로그램들이 부모들의 바람대로 아이의 뇌를 건강한 인간의 뇌로 발달시켜줄까. 물론 상식처럼 받아들여지는 다양한 교육 상품들이 현실을 고려한 어쩔 수 없는 대안이라는 점에는 동의한다. 하지만 핵가족화가 진행되면서 대부분의 가정에 자녀가 한둘뿐이라는 점, 친구들 대부분이 학원에 있어서 놀이터에 나가도 어울릴 아이가 거의 없다는 점, 일하는 엄마가 늘면서 아이를 돌봐줄 마땅한 곳이 없다는 점, 그리고 점점 가혹해지는 고용, 노동시장에서 살아남기 위해 아이와 놀아줄 시간을 보류해야 하는 부모들이 많다는 점 등을 고려하더라도 사교육시장에서 제시된 다양한 프로그램들은 '놀이'의 본질을 외면하거나 간과하고 있다.

아이의 뇌가 건강한 인간의 뇌로 변화하는 과정에서 '놀이'는 절대적인 요소다. 아이는 놀이를 통해 인간의 방식을 탐구하고 배우고 익힌다. 뇌과학은 마음껏 놀기(free play)에 주목하고 있다. 그리고 그 연구 결과들은 놀이가 아이의 뇌 발달을 위한 여러 요건 중에 하나가 아니라 가장 중요한 핵심 요소, 즉 아이의 뇌를 자라게 하는 '밥'과도 같다는 사실을 알려준다.

아이들에게 되돌려줘야만 하는 것들

가끔 일곱 살 딸내미와 함께 놀이터에 갈 때가 있다. 동네 놀이터는 늘 아이들의 재잘 조잘 아우성으로 가득하다. 아이들은 금방 친구가 되고 언니 오빠가 돼서 한데 어울린다. 모래를 주물럭거려서 영화 〈겨울왕국〉에서 본 궁전을 짓기도 하고, 나뭇잎을 긁어모아 무도회장을 꾸미기도 한다. 다람쥐, 청설모가 먹고 남긴 잣방울 깍지는 더 없는 사치품이 되어 아이들의 궁전을 꾸미는 인테리어 장식으로 활용된다. 아이들은 너나 할 것 없이 활기가 넘쳐서 이를 지켜보기만 해도 늙은 아빠는 숨이 가쁠 지경이다.

이 생기 넘치는 아이들의 놀이터에서 우리 딸은 언제나 본의 아니게 터줏대감이 되고 만다. 시간대별로 함께 노는 친구들이 달라지는 것이다. 떠나는 아이, 새로운 아이가 시간대별로 정확하게 구분된다. 아이들은 잘 놀다가도 금방 "안녕!" 하며 손짓 한번 하고는 불쑥 사라진다. 처음엔 그냥 집에 가는 줄로만 알았다. 그런데 알고 보니 학원 시간에 맞춰 아이들이 들고 났던 것이다. 너무나 착하고 온순한 여섯 살, 일곱 살 꼬맹이들이 엄마가 정해준 시간대에 따라 움직인다. 더 놀겠다고 떼를 쓰고 발버둥 치는 녀석은 우리 딸을 비롯해 몇 명에 불과하다. 대부분의 아이들은 아쉬운 기색도 없이 너무나 당연하다는 듯이 불쑥 불쑥 사라지고 나타나기를 반복한다.

이제는 많이 익숙해진 놀이터 풍경이 때로는 섬뜩하게 느껴질 때도 있다. 엄마가 정해준 시간표대로 엄마가 정해준 장소를 오가는 아이들에게 스스로 알아서 노는 마음껏 놀기는 사라지고 없다.

어린이 놀이 운동가인 편해문 선생님은 어른들이 아이들에게 반드시 돌려줘야 할 세 가지를 다음과 같이 말한다. 첫째, 아이들이 마음껏 놀 수 있는 안전한 장소를 돌려줘야 한다. 둘째, 아이들이 마음껏 놀 수 있는 시간을 돌려줘야 한다. 셋째, 아이들이 함께 놀 수 있는 친구를 허락해야 한다.

건축가도 도시공학자도 아니면서 《미국 대도시의 죽음과 삶》이라는 책을 써서 20세기 건축가와 도시공학자들에게 강력한 영감을 제시한 제인 제이콥스(Jane Jacobs)는 도시와 아이의 놀이에 대해 이렇게 썼다.

"적절한 공간이 부족하더라도 편리한 위치와 거리의 흥미가 아이들에게 무척 중요하기 때문에, 그리고 감시하기 편한 위치가 부모들에게 무척 중요하기 때문에, 아이들은 협소한 보도의 공간에 적응하게 마련이다. 아이들이 쉽게 적응하는 것을 파렴치하게 이용하는 것이 옳은 일이라는 말이 아니다. 사실 우리는 아이들과 도시 모두에게 해를 끼치고 있다."

ⓒJosh Pesavento

아이들의 뇌는 매 순간 바뀐다. 아이들은 전 생애를 통틀어
가장 역동적으로 변하는 시기를 보내는 셈이다.
3세 무렵까지 폭풍처럼 계속되던 시냅스의 연결은 이후
가지치기, 솎아내기 과정을 거치다가 12세 무렵 2차 폭풍의 시기를 맞이한다.
사춘기 무렵인 16세까지 전두엽이 발달하며 서서히 어른의 뇌로 변해간다.

chapter 25

잘 노는 아이가
뇌도 잘 자란다

사실 마음껏 놀기는 우리나라뿐만 아니라 산업화된 대다수 나라의 아이들의 삶에서 급속하게 사라지고 있다. 가정에서, 학교에서 그리고 동네에서 마음껏 뛰어노는 아이들은 찾아보기가 정말 어려워졌다. 어떤 통계에 의하면 불과 20여 년 사이에 아이들이 '만들어지거나 짜여진 프로그램'에서 벗어나 마음껏 뛰어노는 시간이 일주일에 여덟 시간이나 줄어들었다고 한다.

1997년에서 2007년까지 10년 동안 밖에서 마음껏 뛰어노는 시간은 약 50퍼센트 정도 줄어든 반면, 놀이 프로그램에 참여하는 비율은 두 배 가까이 크게 늘었다. 주목할 점은 우리가 익히 예상하듯이 이 기간에 아이들이 TV, 인터넷 게임 등 몸을 쓰지 않는 수동적인 여가에 쓰는 시간은 30분에서 세 시간으로 여섯 배 이상 크게 늘었다는 것이다. 아이들의 비만이 질병으로 여겨질 만하다. 하지만 우리는 아이들의 신체적 변화를 뛰어넘는 더 큰 문제에 주목해야 한다.[13]

Free Play! 마음껏 놀게 하라

지난 10여 년 사이에 뇌과학자들은 '마음껏 놀기'야말로 아이들뿐만 아니라 모든 연령대의 신체 발달, 지적 발달, 사회성 발달, 감성 발달을 이끄는 핵심적인 요소라는 사실을 밝혀냈다. 마음껏 놀기는 다음과 같은 놀이를 말한다. 짜여지거나 만들어지지 않고, 하고 싶어서 하며, 풍부한 상상력이 개입되고, 누구의 간섭도 없이 스스로 하는 놀이. 어떤 학자는 이를 가리켜 '놀이의 순수한 형식'이라고 부르기도 한다.[14]

마음껏 놀기는 인간의 본능이다. 그 본능은 세상에 태어나자마자 유전자가 이끄는 대로 자연스럽게 발현된다. 영·유아기의 아이들에게 놀이는 사물의 색과 모양, 맛과 소리 등을 알아보는 학습 활동이다. 아이들은 이런 놀이를 통해 세상을 구성하는 다양한 요소들을 알아보고 익히기 시작한다. 그뿐만이 아니다. 놀이를 통해 아이들은 나 아닌 다른 존재와 관계를 맺고 친밀한 감정을 나누는 등 인간의 특기이자 장기인 기술들을 익힌다. 초등학교 시기가 되면 아이들은 놀이를 통해 상호 존중, 우정, 협동, 경쟁 등을 익힌다. 그런가 하면 사춘기 전후인 십대 아이들에게 놀이란 자기만의 개성을 끊임없이 탐색하거나 들여다보고 넘쳐나는 혈기를 뿜어내거나 상황에 맞게 자제하는 능력을 배우는 과정이다.

한마디로 마음껏 놀기는 인간의 아이가 건강한 인간으로 변해가는 과정에서 반드시 필요한 핵심 요소다. 하지만 마음껏 노는 시간이 점점 줄어들면서 아이들은 놀이를 통해서만 얻는 다양하고 고유한 인간만의 능력들을 잃어버릴 위험에 직면해 있다.

미국의 텍사스주 오스틴에서 일어난 끔찍한 사건은 인간의 고유한 능력, 즉 나 아닌 다른 존재와의 유대, 친밀한 감정, 상호 존중, 우정, 협동 등이 결핍되거나 사라지면 어떤 결과가 빚어지는지를 보여준다. 이야기는 48년 전으로 거슬러 올라간다. 1966년 8월 1일 뜨거운 여름날의 정오 무렵, 미국 해병대 저격수 출신이자 텍사스 주립대 공대생이었던 찰스 휘트먼은 대학 구내의 높은 탑에 올라갔다. 그리고 한 시간 36분 동안 총알을 150발이나 난사했다. 이 광란의 총격으로 16명이 죽었고 30명이 부상을 당했다.

이 사건에 주목한 베일러 의과대학 교수 스튜어트 브라운(Stuart Brown)은 찰스 휘트먼을 포함해 텍사스에서 다른 사건들로 형이 확정된 26명의 살인범을 인터뷰하는 연구를 수행했다. 그 결과 두 가지 공통점이 발견되었다. 모든 살인범들은 첫째, 어린 시절 가정에서 학대당한 경험을 갖고 있었고 둘째, 어린아이답게 놀아본 경험이 전혀 없었다. 당시만 해도 브라운 교수는 어떤 요인이 더 중요한지를 알지 못했다.

그는 이후 42년 동안 6000명의 성인을 대상으로 어린 시절의 성장 과정에 대해 심층 면접 연구를 수행한 뒤에야 문제의 핵심에 다가갈 수 있었다. 브라운 교수의 방대한 데이터는 마음껏 놀기, 즉 짜여 있지 않고 풍부한 상상력이 필요한 놀이를 충분하게 경험하지 못한 아이들은 정서적으로 안정된 행복한 어른으로 성장하지 못한다는 사실을 밝혀냈던 것이다.[15]

놀이와 뇌 발달

아이들의 자유로운 놀이는 신체 활동에 그치지 않는다. 인간이 오랜 생명의 진화 과정에서 터득한 고유한 특성은 유전자에 기록되어 있고 씨앗처럼 잠재되어 있는 인간만의 특성은 자유로운 놀이를 통해 싹을 틔우고 발달한다. 따라서 마음껏 놀기는 특히 사회적 관계의 형성, 스트레스 조절, 문제 해결 능력의 발달 같은 인지 능력의 형성에도 결정적인 영향을 미친다. 그동안 진행된 동물의 행동에 관한 연구들은 진화적 관점에서 마음껏 놀기의 중요성을 분명하게 확인해주고 있다. 궁극적으로 마음껏 놀기는 인간을 포함한 동물들에게 생존과 종족 번식을 위한 기술을 제공한다고 할 수 있다.[16]

이 사실이 그렇게 새로운 것은 아니다. 대부분의 심리학자들은 이미 100여 년 전부터 마음껏 놀기가 인간의 성장에 많은 이점을 제공해준다는 사실에 동의해왔다. 하지만 잘 놀지 못하고 성장한 아이들에게서 나타나는 부정적인 영향이 어느 정도인지에 대해서는 일치된 견해가 없었다. 마음껏 놀지 못하고 성장한 세대는 최근 20여 년 사이, 그러니까 1990년대 이후에야 본격적으로 등장했기 때문이다. 그 이전의 아이들은 별 제약 없이 마음껏 뛰어놀았다. 그러다가 우리나라의 경우 1990년대 중반부터 어린이집, 유치원, 학원 등이 폭발적으로 늘어나기 시작했고 아이들의 놀이 패턴도 마음껏 놀기에서 '짜여진 놀이', '프로그램화된 놀이'로 급속하게 바뀌었다.

사실 그 이전에는 풍성한 환경에서 마음껏 뛰어노는 시간을 갖지 못하는 아이들이 오히려 드물었다. 유치원은 부잣집 아이들이나 가는 곳이었고 학원도 별로 없었으며 누구나 조기교육을 하지도 않았다. 장난감도 드물어서 대부분 딱지치기와 구슬치기를 하거나 돌멩이로 사방치기나 공기놀이를 하거나 고무줄놀이를 했다. 아이들은 학교에서 돌아오면 대부분 가방을 집어던지고 친구들과 해가 떨어질 때까지, 배에서 꼬르륵 소리가 날 때까지 놀고 또 놀았다. 그야말로 원 없이 마음껏 뛰어놀았던 시절이다. 단순히 비교할 수는 없지만 이제 마음껏 놀기는 찾아보기 힘들어졌다.

chapter 26

영어,
언제부터 가르쳐야 할까

　　　　　　　우리 딸내미는 영어를 못 한다. 좋아하는 외국 만화 영화를 보며 거기 등장하는 노래들을 수십 번 듣다 보니 떠듬떠듬 노래를 따라 부르기도 하지만 이걸 영어라고 하기는 억지 같다. 하긴 영어를 가르친 적이 없으니 못 하는 것이 당연하다. 영어를 못 하는 딸은 아직 시험을 치른 적도 없으므로 스스로 부끄러워하거나 상처받을 일도 아직은 없다. 그런데 아내는 가끔 영어 정도는 가르쳐야 하는 것이 아닌가 걱정을 한다. 특히 같은 어린이집의 아이들이 따로 영어 학원에 다니는 모습을 보거나 해외에서 근무하는 아빠를 따라 외국 생활을 해본 아이들이 유창하게 영어를 하는 모습을 볼 때면 그렇다. 아내는 혹시나 우리 딸이 조기교육에 한사코 반대하는 아빠 때문에 영어 학습에 적합한 결정적 시기를 놓치고 있는 것은 아닌지 걱정한다.

사실 이런 걱정을 불러일으키는 것은 주변 사람들이다. 잘 알지도 못하는 사람에게서 핀잔 아닌 핀잔을 들은 적도 있다. 모처럼 동남아에 있는 리조트로 가족 여행을 떠났을 때의 일이다. 유럽, 호주 등에서 온 아이들이 꽤 많았다. 리조트에서는 아이를 맡겨놓고 부부만의 달콤한 시간을 즐기라는 뜻에서 키즈 클럽을 운영하고 있었다. 이런 살뜰한 배려를 굳이 마다할 필요는 없었고, 또 신혼여행 이후 처음으로 떠난 해외여행이었으므로 별 고민 없이 딸을 맡기고 빵빵하게 에어컨이 작동되는 시원한 객실에서 달콤한 시간을 보냈다. 느긋하게 낮잠까지 자고 서너 시간 정도 흘렀을까, 룰루랄라 아이를 찾으러 갔다. 그런데 아뿔싸, 딸내미가 오만상을 찌푸리고 있다가 엄마를 보자마자 대성통곡을 하는 것이 아닌가. 키즈 클럽에서 외국 아이들과 신나게 놀고 있을 줄 알았는데 딸은 서너 시간 내내 구석에 처박혀 혼자 있었단다. 키즈 클럽의 공용어가 영어였다는 사실을 우리 부부가 깜빡했던 거였다.

처음에 딸아이는 금발 머리에 파란 눈동자의 서양 아이들에게 호기심을 보였고 어린이 전용 풀장 등 아기자기한 놀이 시설에도 환호했었다. 그런데 엄마 아빠와 떨어지자마자 교사가 영어로 이야기하기 시작했고 서양 아이들도 신나서 떠들어댔으며 서너 명의 한국 아이들까지 반응을 했다. 영어를 한마디도 알아듣지 못하는 딸아이는 그때부터 겁먹은 표정으로 구석에 혼자 있더란다.

유아기의 아이들이 모국어나 모성어로부터 격리되어 의사소통을 하지 못하는 상황에 처했을 때 느끼는 공포가 폭력을 당했을 때 느끼는 공포보다 더 크다고 한다. 딸아이가 오만상을 찌푸리고 대성통곡을 했던 것은 바로 그 공포 때문이었다. 나는 통곡하는 딸내미를 부둥켜안고 괜히 아내에게 화를 내고 말았다. 영어 때문에 벌어진 우리 가족의 코미디 같은 이야기를 전해 들은 어떤 아주머니가 아내한테 그러더란다.

"그러게 내가 뭐랬어. 애가 얼마나 답답하고 무서웠겠어. 더 늦기 전에 영어 좀 가르치라니까."

불안한 부모의 조급한 마음

3~4세 무렵 유아기부터 영어를 가르치는 것은 어느새 우리 사회의 상식이 되었다. 부모들이 이렇게 영어를 빨리 가르치는 이유로는 '그렇게 하지 않으면 안 될 것 같아서'라는 응답이 가장 많았다.[17] 영어 조기교육 열풍은 토플이나 토익 같은 시험에서 좋은 성적을 얻기 위해서가 아니다. 요즘에는 해외에서 근무하는 아빠를 따라 어린 시절에 몇 년 정도 외국 생활을 하면서 국제학교에 다니는 아이들도 많아졌다. 당연히 이 아이들은 말하기는 물론 쓰기 등 영어를 유창하게 구사한다. 그리고 이 아이들이 모여서 외고 등 특목고 진학을 위한 경쟁 리그를 형성한다.

사실 아무리 어린 시절부터 영어 조기교육을 받더라도 본토에서 영어를 배운 아이들과의 경쟁에서 우위를 차지하기란 쉬운 일이 아니다. 그렇다고 마음대로 외국에 거주할 수 있는 것도 아니니 이래저래 영어 조기교육 열풍은 거세질 수밖에 없다. 상황이 이쯤 되면 중학교 때부터 10년 이상 영어를 붙잡고도 서양인 앞에만 가면 벌벌 떨고야 마는 그야말로 영어에 한이 맺힌 나 같은 구세대들이 아이들에게만은 되도록 빠른 시기에 영어를 가르치면 좋겠다고 여기는 것도 무리는 아니다.

상식처럼 자리 잡은 영어 조기교육시장에서는 언어심리학, 교육학 등에서 제시된 몇 가지 과학적 연구 결과들이 매우 중요하게 인용되고 있다. 그중 하나가 언어 발달에는 결정적 시기가 있고 이 시기를 지나면 언어 습득에 문제가 생긴다는 것이다. 1970년대 초반에 확립된 이 이론은 생후 36개월 정도까지 정상적인 언어 환경에 노출되지 못하면 언어 회로 형성에 문제가 생겨서 이후 언어를 접하더라도 제대로 배울 수 없다고 주장한다. 언어에 관한 '결정적 시기' 가설은 40여 년이 지난 지금도 여전히 유효해 보인다.

최근에는 이른바 '영어 뇌 만들기'라는 것도 등장했다. 영어 학습을 뇌 발달의 차원에서 이해하려는 담론이 주목을 받고 있는 것이다. '생후 36개월 이전에 외국어 학습을 시작하면 모성어, 모국어의 언어 회로와 함께 영어 회로도 형성된다', '완벽한 이중 언어 구사자가 된다'와 같은 이야기가 상황을 더욱 부채질 하고 있다.

영어 뇌 만들기, 풍선 같은 이론들

우리나라 사교육시장에서 유행하는 '영어 뇌 만들기'는 1997년에 발표된 한 연구 결과에 근거를 두고 있다. '네이티브 및 제2차 언어와 관련된 대뇌피질 부위의 분명한 차이(Distinct cortical areas associated with native and second languages)'라는 제목의 이 논문은 모국어 수준으로 두 가지 언어를 쓰는 사람과 제2언어로 외국어를 쓰는 사람들의 뇌를 촬영하여 그들이 각기 다른 뇌 부위를 사용한다는 사실을 보여주었다. 연구팀은 특히 외국어를 습득한 시기에 주목했다. 한 그룹은 영·유아기에 모국어와 동시에 외국어를 익혔고, 또 한 그룹은 한참 뒤인 약 12세 무렵에 2차 언어를 익혔다. 앞선 경우를 조기 이중 언어 구사자(early bilingual), 나중의 경우를 후기 이중 언어 구사자(late bilingual)라고 부른다.

연구팀은 이들의 뇌 중 지난 10여 년간 언어중추라고 알려진 브로카 영역과 베르니케 영역을 fMRI 장비로 촬영했다. 그 결과 후기 이중 언어 구사자는 각기 다른 뇌 부위를 사용하는 반면 조기 이중 언어 구사자는 뇌의 같은 영역에서 두 언어를 처리한다는 사실이 확인되었다.

이 데이터를 근거로 연구팀은 언어를 익히는 시기가 뇌 신경회로 형성에 큰 영향을 준다고 주장했다. 조기 이중 언어 구사자들이 뇌가 형성되는 영아기부터 동시에 두 가지 언어를 익히면서 동일한 뇌 부위를 사용하게 된 반면, 후기 이중 언어 구사자들은 언어와 관련된 뇌 부위가 1차 언어에 의해 형성된 이후 12세 무렵에야 2차 언어를 익혔기 때문에 다른 부위를 사용할 수밖에 없다는 주장이다. 쉽게 말하면 조기 이중 언어 구사자들은 생각할 필요 없이 두 가지 언어를 자유자재로 원어민 수준으로 구사하는 반면, 후기 이중 언어 구사자들은 1차 언어로 한 번 생각하고 이를 다시 2차 언어로 추론하는 과정을 거친다는 것이다. 이 연구 결과는 이후 특히 우리나라의 영어 조기 사교육시장에서 거의 바이블처럼 인용되고 있다. 시장에서는 이를 '영어 뇌 만들기'라는 이름으로 부르고 있다.[18]

신화를 들춰보면 그 이면에서 전개되고 있는 다양한 과학적 주장들을 엿볼 수 있다. 언어 발달의 결정적 시기 가설도 여전히 논쟁 중이고, 영어 뇌 가설도 뇌에서 일어나는 언어 처리 과정을 보여준 것일 뿐 실제 언어 능력과는 별개라는 반론에 부딪혔다. 그런가 하면 언어학 분야에서는 외국어 학습에 적절한 시기란 없고 나이에 상관없이 언제든 필요할 때 공부에 들인 시간만큼 성과가 나타난다는 연구도 많은 지지를 받고 있다.

그러나 한 가지 분명한 것은 열망과 갈망, 즉 수요가 있는 한 시장은 끊임없이 신상품을 제공할 것이고 실험실에서 밝혀진 새로운 과학적 사실들은 매력적인 아이템으로 활용될 것이라는 점이다. 과학자들의 실험실에는 여전히 불이 꺼지지 않고 영어에 대한 열망은 커지고만 있다.

©SanShoot

아이의 뇌가 건강한 인간의 뇌로 변화하는 과정에서
'놀이'는 절대적인 요소다. 아이는 놀이를 통해 인간의 방식을
탐구하고 배우고 익힌다. 마음껏 놀기는 인간의 본능이자
아이들은 놀이를 통해 세상을 구성하는 다양한 요소들을
알아보고 익히기 시작한다.

• PART 4 •

놀라운 아이
• 아이에 대한 새로운 생각 •

chapter 27

모든 아기는 과연
언어의 천재로 태어날까

아기들의 놀라운 언어 습득 능력을 규명하려는 노력은 지속적으로 이뤄지고 있다. '모든 아기는 언어의 천재로 태어난다'라는 주장도 그 맥락에서 나온 말이다. 미국 워싱턴 주립대의 퍼트리샤 쿨(Patricia Kuhl) 박사는 2002년 자신의 논문에서 "모든 아기는 언어의 천재로 태어난다"라고 주장했다. 이 주장의 주된 근거는 생후 6개월 정도의 영아들을 대상으로 실시한 아주 간단한 실험이다. 이 실험에서는 아기들에게 자음과 모음을 들려주고 이를 구별하는지를 측정했다. 결과는 놀라웠다. 아기들은 소리와 음성을 구별할 뿐만 아니라 자음과 모음도 정확하게 구별해냈다.[1]

아시아권의 부모들에게는 매혹적으로 들릴 만한 결과도 있다. 한국이나 일본의 성인들은 영어를 잘하는 경우에도 r과 l 발음 등을 정확하게 구사하는 데 큰 어려움을 겪는다. 그런데 쿨 박사가 일본인 영아들을 대상으로 r과 l 발음을 구별하는지를 관찰한 결과 아기들은 놀랍게도 아주 정확하게 두 발음을 구별해냈다. 즉 생후 36개월 이전에는 거의 대부분의 발음, 음성 등을 구별해내던 아기의 언어 능력은 이후 결정적 시기를 지나면서 모국어, 모성어의 환경에 적응하게 되고 그 결과 만 12세 정도를 지나면 아무리 배우고 익혀도 네이티브의 발음과 억양을 구사할 수 없게 된다는 것이다.

이런 가설은 미국의 이민자 가정에 대한 연구를 통해서도 확인되었다. 이 가정은 형이 12세, 동생이 만 7세 무렵에 미국으로 이민 왔다. 두 형제가 성인이 되고 나서 영어 능력을 테스트한 결과 형제 모두 영어 구사 능력은 완벽했지만 발음과 억양에서는 큰 차이를 보였다. 7세 이전에 이민 온 동생은 완벽한 네이티브 수준의 발음과 억양을 보인 반면 12세 이후에 이민 온 형은 여전히 모국어의 발음과 억양을 간직하고 있었다. 이 밖에도 영·유아기 아이들이 보이는 놀라운 언어 습득 능력에 대한 언어학, 교육학 등의 이론과 가설들은 셀 수 없이 많다. 가끔씩 언론을 통해서 뱃속의 태아에게 영어를 들려줬더니 나중에 영어에 반응하는 패턴이 다르게 나타났다는 연구 결과들도 심심찮게 소개된다. 이런 연구 결과들은 모두 영어 조기교육의 이론적 근거로 활용되고 있다.[2]

인간은 어떻게 언어를 습득할까

1990년대 무렵만 해도 과학자들은 약 150년 동안 진행된 뇌 연구의 흐름에 따라 언어중추를 찾는 데 주력했다. 즉 뇌의 어딘가에 언어를 담당하는 영역이 따로 있을 것이라는 아이디어가 핵심이었다.

뇌를 속속들이 들여다볼 수 있는 첨단 장비들이 개발되고 숱한 연구가 진행되면서 언어를 담당하는 뇌 부위라고 부를 만한 영역, 특히 인간의 언어에만 적합한 신경회로가 있다는 증거는 점점 희박해지고 있다. 예를 들면 과학자들을 매우 당혹스럽게 만들었던 사실은 침팬지의 뇌에서도 그동안 인간만의 언어중추라고 여겨지던 부위와 동일한 영역이 발견되었다는 사실이다. 인간만이 문법을 가진 고도의 언어를 구사할 수 있다면 인간의 뇌에서는 다른 동물들과는 확연하게 구별되는 독자적인 언어의 회로가 발견되어야만 한다. 하지만 인간의 언어중추라고 알려진 부위와 침팬지가 의사소통할 때 활성화되는 뇌 영역은 큰 차이가 없었다. 뇌과학자들은 이 대목에서 '인간의 언어란 무엇인가'라는 근본적인 질문을 다시 던지기 시작했다. 즉 해부학적으로 침팬지에게도 인간과 별 차이가 없는 뇌 영역이 존재한다면 '왜 인간은 고도의 언어를 구사하는 반면 침팬지는 그러지 못하는가'라는 질문을 던져야 했던 것이다.[3]

로봇공학자가 재발견한 인간의 언어

역설적으로 과학자들은 뇌를 넘어서는 다른 차원에서 인간의 언어를 들여다보기 시작했다. 미국 MIT 미디어랩의 뎁 로이(Deb Roy) 박사는 뇌과학자도 아니고 언어학자도 아닌 로봇공학자로서 인간의 언어를 연구하고 있다. 인간의 마음을 이해하고 인간과 대화를 나누는 로봇을 개발하기 위해서다. 그동안 인간의 명령을 받는 로봇들은 로봇의 뇌에 수백 혹은 수천 가지의 명령어와 함께 각 명령어에 대한 행동 방식을 동시에 입력받는 수준이었다. 뎁 로이 박사의 연구팀은 한 단계 나아가 인간의 마음을 이해하는 로봇을 개발 중이다.

1982년에 상영된 영화 〈블레이드 러너〉를 보면 인간과 같은 수명을 갖고 싶어 하던 레플리컨트(replicant)라는 이름의 인조 인간 네 명이 행성 기지를 탈출한다. 리더인 로이는 감정과 마음이 없는 인공 생명체였음에도 생명을 갈구했고 마침내 인간 이상의 감정에 눈을 뜨게 된다. 로이는 이런 명대사를 남겼다.

"너희들 인간은 상상도 못 할 광경을 나는 봐왔지. 오리온자리 어깨 부근에서 불꽃이 치솟는 전투함. 암흑으로 가라앉는 탄호이저 게이트 옆에서 반짝이는 C빔. 그런 기억도 모두 시간과 함께 사라져간다. 빗속에서 흘리는 눈물처럼 나도 죽을 때가 온 거지."[4]

영화에 등장하는 로이는 기억을 말하고 눈물을 흘리며 죽음을 예감하는 로봇이다.

MIT 미디어랩의 뎁 로이 박사는 처음 이 프로젝트를 시작하면서 같은 MIT 소속의 저명한 언어학자인 노암 촘스키(Noam Chomsky)를 초청해 세미나를 개최했다. 촘스키 교수는 뎁 로이 박사에게 야속하게도 인간의 마음과 언어를 이해하는 로봇은 절대로 불가능할 것이라고 말했다. 실제로 1960년대부터 50년 가까이 진행된 인지과학 분야의 연구도 여전히 이 문제를 해결하지 못하고 있다. 막대한 광고비를 투입했지만 잘 팔리지 않은 '말로 거는 휴대전화'를 떠올리면 이해될 것이다. 컴퓨터 공학자들은 언어를 컴퓨터에 접목하는 기술을 가볍게 생각했었다. 하지만 수십 년이 지나도록 컴퓨터는 아직 인간의 마음과 언어를 이해하지 못한다.

뎁 로이 박사는 인간의 마음과 언어를 이해하는 로봇 프로젝트를 전혀 새로운 각도에서 시작했다. 뇌, 언어중추 등을 찾아 컴퓨터 로직(logic)을 만들려고 했던 기존의 방식을 버리고 인간의 아기가 어떻게 언어를 습득하는지에 주목했다. 뎁 로이 박사는 기발한 착상을 했다. 바로 이제 막 태어난 자신의 아들을 연구 대상으로 삼은 것이다. 그는 자신의 집에 모두 11대의 카메라를 설치하고 이후 3년 동안 하루 평균 10시간 분량을 촬영했다. 영상에는 그의 아들이 눈도 제대로 뜨지 못하는 갓난아기 때부터 옹알이 단계를 거쳐 드디어 첫 단어를 말하는 과정이 고스란히 담겨 있다. 이런 연구 방식은 기존의 언어학자, 인지공학자, 뇌과학자들에게는 매우 신선한 충격이었다. 지금까지 인류의 언어를 연구한 그 어떤 과학자도 쓰지 않았던 방식이었기 때문이다.

언어의 풍경, 뇌를 넘어서[5]

뎁 로이 박사는 '가가 가가'라는 의미 없는 소리에서 시작한 아들의 언어 습득이 마침내 '물(water)'이라는 단어로 이르는 과정을 벅찬 감동과 함께 빅데이터로 정리해 발표했다. 그는 인간의 언어가 가진 놀라운 특징을 발견했다. 그것은 바로 인간의 언어란 단어를 익히고 문장을 말하는 단순한 과정이 아니라는 사실이다.

뎁 로이 박사는 이를 '언어의 풍경(landscape of human language)'이라고 명명했다. 아기가 '물'이라는 단어, 언어를 습득하기 위해서는 거대한 언어의 풍경이 존재해야만 한다. 그 풍경 속에는 사랑하는 할머니, 할아버지, 엄마, 아빠, 이웃, 친구의 자녀들이 등장한다. 뿐만 아니라 집 안의 카메라에는 포착되지 않았지만 여름날의 바닷가와 계곡물도 등장한다. 뎁 로이 박사는 이렇게 결론짓는다.

"결국 언어란 사람과 사람, 사람과 자연 간의 관계였습니다."[6]

한 로봇공학자의 언어에 대한 깊은 통찰은 이후 많은 언어학자, 교육학자, 뇌과학자들에게 영감을 주었다. 특히 단어를 알아보고 문장을 구사하는 능력에 초점을 맞추어 아이들의 언어 발달을 이해하던 언어학자, 교육학자들에게 던지는 울림은 매우 컸다.

아이의 뇌는 침팬지의 뇌와 같으면서도 다르다. 아이의 뇌와 침팬지의 뇌에는 모두 언어를 담당한다고 여겨지는 특별한 신경회로가 있다. 하지만 인간의 아이는 단어와 문장 그리고 무엇보다 마음이 담긴 인간의 언어를 말하는 반면, 침팬지는 몇 개의 단어를 이어붙일 뿐이다. 지금 우리는 아이에게 인간의 언어를 가르치고 있는지 반성해봐야 한다. 인간의 뇌에 인간의 언어를 깃들게 하는 인간만의 풍부한 언어적 풍경이 과연 아이에게 주어지고 있는가.

chapter 28

IQ가 높으면 행복할까
: 다중지능 이론의 발견

"나무, 시간 좀 내주실 수 있어요? 준희 때문에 의논 드릴 것이 있어서요."

딸의 어린이집 선생님이 전화를 주셨다. 어린이집 부모들끼리는 서로 별명을 불렀는데 나무는 내 별명이고 준희는 내 딸이다. 아이가 막 다섯 살을 지나 여섯 살로 접어들 무렵이었다. 예상치 못했던 어린이집 교사의 전화를 받고 나와 아내는 꽤 당황했다. '무슨 문제일까?' 우리는 선생님을 집으로 초대해 저녁 식사를 함께하기로 했다.

상담을 좀 받아보시면 어떨까요

"준희가 지나치게 예민한 것 같아요. 이런 말씀을 드리는 것이 어떨지 모르겠는데……. 상담을 좀 받아보시는 건 어때요?"

난데없이 웬 상담!? 말씀의 요지는 이랬다. 준희가 자기 물건에 너무 집착한단다. 마당에서 놀다가도 준희만 없어져서 뭐하고 있나 들여다보면 혼자 방에 들어가서 자기 물건을 챙기고 있더란다. 또 자기만 아는 곳에 물건들을 감추기도 하고 자기 물건이 다른 아이들의 물건과 섞이면 과하게 짜증을 낸다는 것이다. 몇 번 주의도 주고 따끔하게 야단도 쳤지만 증상은 점점 심해진다고 했다. 이제 여섯 살도 안 된 꼬맹이가 지나치게 자기 물건에 집착하는 것을 보면서 어떨 때는 너무 안쓰러워서 눈물이 나기도 한다고 했다.

'도대체 무슨 일이지? 정말 선생님의 권유대로 소아정신과라도 찾아가야 하나?' 별일 아닐 거라고 태연한 척하며 아내를 위로했지만 사실은 내가 더 불안해졌다. 10년 정도 경력을 가진 선생님은 전문가답게 딸의 정서 발달에 문제가 있는 것 같다는 견해를 조심스럽게 들려주었다. 감기에 걸리면 소아과를 찾아가는 것처럼 아이가 성장하면서 이런저런 발달상의 심리적 문제가 생기기도 하니까 너무 심각하게 생각하지 말고 클리닉에 가보라는 위로 섞인 권유도 잊지 않았다. 참 고마웠다. 정서 발달의 문제라. 평소에는 둘째가라면 서러울 정도로 명랑하고 씩씩한 딸아이였다. 밥도 잘 먹고 물김치도 잘 먹고 노래도 잘

하고 춤도 잘 추고 쓱싹쓱싹 그림도 잘 그렸다. 엄마, 아빠, 할머니하고 있을 때는 명랑하고 씩씩하던 딸내미가 어린이집에 가서는 교사가 보기에 문제가 있을 정도로 이상 행동을 보이는 이유는 도대체 무엇일까. 전혀 예상하지 못했던 난데없는 상황을 어떻게 받아들여야 하나. 딸아이는 정말 어린이집 선생님의 말씀대로 정서 발달에 문제가 생긴 걸까. 아내와 나는 소아정신과 상담을 받는 대신 좀 더 지켜보기로 했다. 집에서는 전혀 이상 행동을 보이지 않았기 때문이다. 그날 이후 나는 딸과 함께 노는 시간을 좀 더 늘렸다. 그리고 이런저런 자료들을 뒤적이기 시작했다. 아이의 마음이 너무 궁금했다. 아이의 정서란 대체 무엇인가, 또 정서 발달 그러니까 정서가 자란다는 것은 도대체 무엇인가.

IQ와 정서지능

ADHD, 틱 장애, 후천성 자폐 등은 평소에 심심치 않게 들어왔던 용어들이다. 요즘은 특히 정서 발달에 문제가 생긴 아이들이 너무 많다는 말도 자주 들린다. '정서 발달'이라는 키워드로 인터넷 검색을 시작했다. 역시 아이의 정서 발달 과정에서 생기는 문제의 위험성을 경고하는 여러 소아정신과 클리닉의 홍보 페이지가 제일 먼저 나타났다. 특히 정서 발달의 문제는 단순히 정서에만 그치지 않고 인지 발달과도 밀접한 관련이 있다는 구절이 눈에 들어왔다. 제때 바로잡지 않으면 나중에 학교에 들어가서 공부하는 데도 문제가 생긴다고 한다. 이런 내용을 보고 있으면 덜컥 겁이 나지 않을 수 없다.

한편 아이의 정서 발달에 도움이 된다는 미술, 음악, 무용 등 주로 예체능 분야의 전문 교육 프로그램들도 아주 많이 검색되었다. 그런가 하면 대안적인 움직임도 활발해 보였다. 지나친 학습 위주의 교육이 아이들의 정서 발달에 문제를 일으키고 있다는 진단에 따라 학습 위주의 프로그램을 지양하고 아이들을 자연 속에서 마음껏 뛰어놀게 하는 대안적인 어린이집, 유치원 등이 많은 부모들의 호응을 받고 있었다. 아이의 정서 발달과 관련된 다양한 클리닉, 프로그램, 대안 교육 등을 따라가다 보면 이런 모든 논의들을 관통하는 한 가지 키워드를 발견하게 된다. 정서지능 혹은 감정지능이라는 키워드다. 정서와 감정에 어떤 이유로 지능이라는 용어가 붙게 되었을까.

정서지능이라는 용어는 언제부터 쓰였을까. 하버드대 심리학과의 하워드 가드너(Howard Gardner) 교수는 20세기를 사로잡았던 IQ테스트의 한계에 주목했다. 한계가 명확함에도 IQ(intelligence quotient)가 높으면 머리가 좋은 것이고 학업 성취뿐만 아니라 사회적 성취도 높아질 수 있다고 알려져 있다. 인간의 지적 능력을 판별하는 기준이었던 IQ테스트는 1800년대 후반 프랑스의 심리학자 비네(A. Binet)와 시몽(T. Simon)이 개발한 검사법에서 시작되었다. 원래는 발달 장애아, 학습 부진아 등을 판별하기 위해 특수한 분야에서 사용되던 검사법이었다가 1920년대 미국 스탠퍼드대 심리학과의 루이스 터먼(L. Terman)에 의해 일반인들에게 확대되었다. 터먼이 제1차 세계대전에 참전하기 위해 징집된 병사들의 지적 능력을 판별하기 위한 도구로 비네와 시몽이 개발한 IQ테스트를 개량한 것이 계기가 되었다. 그리고 다섯 권에 이르는 《천재에 대한 유전적 연구(Genetic Studies of Genius)》라는 책을 썼다. 이 책은 역사상 큰 업적을 남긴 300명의 위인을 선정해 IQ를 측정하고 그 결과를 분석한 것이다. 책에 따르면 괴테는 IQ 수치가 210, 아이작 뉴턴은 190이라는 결과가 나왔다.[7]

'IQ가 높으면 천재다'라는 20세기의 IQ 신화는 이렇게 시작되었다. 이미 수백 년 전에 세상을 떠난 위인들의 IQ를 무슨 수로 측정했을까. 결국 터먼의 연구는 논리적 구성물일 뿐이라는 비판 앞에서 속절없이 무너졌고 약 100년이 지난 20세기 후반에 이르러서야 과학적인 연구를 통해 그 한계가 입증되었다.

그 연구들을 이끈 대표적인 학자가 바로 하버드대의 하워드 가드너였다. 그는 1983년 다중지능 이론을 내놓으면서 60여 년 전 터먼이 제시한 IQ의 한계를 보완했다. 인간의 인지능력은 IQ라는 방법론만으로는 측정할 수 없는 광범위한 영역에 걸쳐 있다는 것이 이론의 주 내용이다. 하워드 가드너에 따르면 인간의 지능은 한 분야의 능력이 아니라 뇌 발달, 인간 발달, 진화, 문화적 자극 등을 통해 발달하는 여러 분야의 지능으로 이뤄져 있다고 한다.[8] 그것이 바로 언어지능, 논리수학지능, 공간지능, 신체운동지능, 음악지능, 인간친화지능, 자기이해지능, 자연친화지능 등이다. IQ테스트의 한계를 지적한 가드너의 다중지능 이론은 경영학, 사회학 등 다른 분야에도 큰 영향을 주었고 교육 분야, 특히 영·유아 교육 분야에도 획기적 변화를 가져오는 계기가 되었다. 그리고 1990년대 중반에 불기 시작한 조기교육 열풍과 결합되면서 신화의 반열에까지 올랐다.

IQ테스트가 한낱 신화로 판명된 이유는 사회적 성취, 즉 성공한 삶과의 관련성이 전혀 없다는 많은 연구 결과 때문이었다. 터먼은 캘리포니아 주의 어린이 수천 명을 대상으로 IQ테스트를 실시했고 그중 140이 넘는 1500명을 선정해 35년 동안 관찰하는 종적 연구(longitudinal study)를 진행했다. 그런데 1960년대에 완성된 이 연구의 결과는 터먼의 예상과는 전혀 다르게 나타났다. IQ 140이 넘는, 이른바 영재들은 35년이 흐르는 동안 창조적 업적을 남긴 천재들과는 거리가 먼 삶을 살았다. 결국 IQ테스트에서 높은 점수를 받은 그룹이나 그렇지 않은 그룹이나 창조적 업적을 이루거나 성공한 삶을 살아내는 데는 별반 차이가 없었던 것이다.

©Ghubonamin

교육이란 부모가 아이에게 줄 수 있는 도움의 한 형태일 뿐이다.
이 과정에서 지능을 포함한 인간의 능력도 성장한다.
이는 계몽이나 훈육이 아닌, 뇌 발달의 생물학적 시간표를 따라가는 과정이다.

chapter 29

마음이 자라는 시간
: 감정의 뇌에 주목하라

다중지능 이론을 제시한 하워드 가드너는 인간의 지적 능력이 다양한 분야의 능력으로 구성되어 있다는 점에 주목함으로써 IQ의 한계를 극복하는 데는 성공했다. 하지만 여전히 붙어 있는 지능이라는 용어는 인간, 특히 아이의 성장과 발달을 제대로 이해하는 데는 커다란 장애로 작용한다. 지능이라는 말을 그대로 사용하는 순간 우리는 언어의 감옥에 갇히고 만다.

너무나 당연한 말이지만 교육이란 가르치고 배우는 행위다. 이 과정을 통해 지능을 포함한 인간의 능력도 성장한다. 이것은 단순히 반복하고 연마하는 훈련이나 학습과는 다른 과정이다. 그럼에도 교육이란 말 속에는 아이를 계몽하고 가르쳐야 한다는 생각이 두텁게 깔려 있다. 지능 계발을 위해 아이들에게 적용되고 있는 수많은 프로그램들이 오히려 아이들의 스트레스를 높이고 더 나아가 아이의 정서 발달에 문제를 일으키는 현실은 교육의 계몽적 기능만을 극대화한 결과다.

1980년대 하워드 가드너가 제시한 다중지능 개념에 따라 언어, 논리수학, 음악, 인간친화, 자연친화 지능 등을 높이기 위해 개발된 다양한 프로그램 역시 지능 발달을 위한 조기교육 프로그램으로 우리 사회에 정착되어버린 것이 현실이다. 교육이란 부모가 아이에게 줄 수 있는 도움의 한 형태일 뿐이다. 이런 생각은 다섯 살 딸아이의 정서적 문제를 교정한다는 명목으로 들여다본 소아정신과 클리닉, 예체능 교육 프로그램, 대안적인 교육 프로그램 등에서 더욱 분명해졌다. 나중에 알게 되었지만 딸아이는 이상한 행동을 보인 것이 아니라 자신에게 프로그램된 아주 오래된 유전자의 명령에 따라 제 나이에 맞는 행동을 했을 뿐이었다. 예를 들면 만 3세 무렵부터 조금씩 시작된 자기 물건에 대한 지나친 애착이 떼쓰기 등의 행동으로 나타난 것이었다.

진화학의 설명에 의하면 모든 아이들은 이 무렵 태어날 동생의 존재를 의식하기 시작한다. 그래서 자기 존재를 드러내기 위해 과거에는 하지 않았던 떼쓰기, 반항 등의 행동이 나타난다. 앞 장에서 말한 딸아이의 경우 외동이라서 그랬는지 이 행동이 좀 과해서 어린이집의 다른 친구들보다도 두드러졌던 것이다. 아이마다 정도의 차이는 있겠지만 대체로는 뇌 발달의 생물학적 시간표를 따라간다. 한때 자기 자신도 아이였다는 사실을 쉽게 잊어버린 어른들에게 아이들의 행동은 이상 행동, 바로잡아야 할 행동으로 비쳐지기도 한다. 어른들은 때때로 이런 식으로 자신의 어리석음을 드러낸다.

가드너의 다중지능 이론에 영향을 받은 감정지능 혹은 정서지능이란 말은 '우리는 왜 인간이 되었나?', ' 인간의 아이는 왜 인간의 아이인가?'라는 질문으로 발전시킬 수도 있다. 가드너가 다중지능 이론을 제시한 1980년대를 지나면서 뇌과학은 비약적인 발전을 계속해오고 있다. 그 결과 현대의 뇌과학은 인간에 대한, 인간의 아이에 대한 새로운 관점을 제시하고 있다.

이성과 감정의 오랜 딜레마

"기분이 감정을 일으키는 것이 아니라 감정이 기분을 느끼게 하는 것이다."[9]

미국의 저명한 뇌과학자인 안토니오 다마지오(Antonio Damasio)의 말이다. 정서와 감정이 과학의 대상이 된 것은 그리 오래된 일이 아니다. 1950년대 이후 대뇌변연계에서 감정이 생성된다는 사실이 알려졌다. 뇌를 동그란 호두 알맹이로 가정한다면 반으로 갈랐을 때 중간쯤에 해당하는 부분이 바로 대뇌변연계다. 하지만 1990년대까지 감정은 뇌의 작용으로 크게 주목받지 못했다. 이는 우리의 생각을 지배하는 상식과도 관련이 있다. 18세기 서양의 근대 이후, 더 정확하게 말하면 데카르트가 "나는 생각한다. 그러므로 존재한다(Cogito ergo sum)"라고 말한 이후 '이성'을 인간의 가장 중요한 조건으로 여기고 이성과 감정을 분리하는 사상적 흐름이 확고하게 자리를 잡았기 때문이다.

꼭 사상적인 연원을 따지지 않더라도 우리는 일상적으로 감정은 되도록 억누르고 억제해야 한다고 배웠다. 서양에서는 데카르트가 이런 생각의 시초였지만 엄격한 유교문화의 전통을 가진 우리 사회에서도 감정을 억제하는 것을 미덕으로 여긴다. 일상적으로는 누군가 크게 흥분해서 제정신이 아닌 것처럼 보이면 "이성을 잃었군"이라고 말한다. 감정은 이성보다 열등한 무엇이라고 여기는 것이다.

반면에 지나치게 이성적이고 논리적이고 철두철미한 사람에 대해서는 인간미가 없다고 말하다가도 그가 솔직한 감정을 드러내거나 술에 취해 망가지는 모습을 보이면 "알고 보니 인간적인 면도 있네"라고 말하기도 한다. 이성적이며 논리적인 태도를 훌륭한 것으로 여기면서도 막상 타인의 감정에서 인간다움을 느끼는 것을 보면 인간의 본질에 가까운 것은 이성보다는 감정이 아닐까 하는 생각이 든다. 이런 생각을 확인시켜 주듯이 인간의 뇌, 인간의 마음에 대한 연구가 급성장하면서 확고했던 이성과 감정, 정서의 관계는 역전되었다.

감정과 정서를 뇌의 관점에서 본격적으로 규명한 대표적인 학자가 바로 앞에서 소개한 안토니오 다마지오다. 그는 의사결정, 즉 뇌에서 일어나는 판단의 메커니즘을 집중적으로 연구해왔다. 원래 신경과 의사인 다마지오는 뇌의 특정 부분에 병을 얻은 환자들을 치료하는 과정에서 인간이 지닌 감정과 정서의 실체를 규명할 실마리를 발견했다.

어떤 환자들은 기쁨을 전혀 표현하지 못하는 반면 또 어떤 환자들은 뇌 질환이 생긴 이후 무서움, 공포가 사라졌다. 그런가 하면 전혀 웃긴 상황이 아닌데도 시도 때도 없이 웃어대는 환자도 있었다.[10]

안토니오 다마지오 박사는 이들 환자들이 보이는 감정, 정서의 문제가 일상에서 늘 이뤄지는 정상적인 의사결정, 판단력에까지 영향을 끼친다는 사실을 발견했다. 감정과 정서의 조절에 문제가 생긴 뇌는 이성적이고 분석적인 기능을 수행하는 데도 어려움을 겪는다는 사실은 큰 발견이었다.

우리는 어려서부터 이성으로 감정을 통제, 억제해야 한다고 배웠고 이를 미덕으로 여기게 되었다. 하지만 뇌에서 일어나는 과정은 정반대다. 먼저 주변의 환경에 감각과 뇌가 반응하는 과정에서 감정과 정서가 먼저 일어나고 뇌는 이를 느낌으로 발전시키며 이성, 생각은 이 느낌을 해석하고 설명한다.

그러니까 내가 어떤 생각, 느낌이 들어서 내 기분이 좋아지거나 나빠지는 것이 아니라 내 몸과 뇌가 이미 어떤 상황을 감정이나 정서로 받아들이고 그로부터 느낌을 자아내며, 이성은 그것을 좋은 상황 혹은 나쁜 상황 등으로 설명하고 의미를 부여한다. 결국 다마지오의 연구와 발견으로 인해 이성이 감정과 정서를 통제하는 것이 아니라 감정과 정서가 이성을 코치한다는 새로운 관점이 등장했다.

감정의 뇌가 먼저 자란다

다마지오 박사가 재발견한 인간의 뇌, 감정과 정서와 느낌 그리고 생각과 이성의 관계가 전해주는 메시지는 간단하고 명료하다. '감정은 인간의 행동을 결정하는 방향타와 같다. 감정이 이성을 코치한다.' 다시 뇌로 돌아와 보면, 감정은 앞에서 소개한 대뇌변연계, 즉 감정의 뇌에서 최초로 생성된다. 우리 몸의 감각을 통해 전해진 외부의 정보는 대체로 이 대뇌변연계에 속하는 시상에 모아지고 기저핵, 편도체, 해마 등을 통해 걸러진다. 최초의 기억과 단기 기억도 이 영역을 거쳐 저장된다. 감각, 정보 등은 감정이라는 필터에 의해 선택된 다음 대뇌(cerebrum)의 장기 기억으로 전달되거나 폐기되는 과정을 거친다. 우리의 기억 중에도 오랜 세월 유지되는 기억들은 감정, 느낌이 수반된 경우다.

감정과 정서는 마음의 가장 핵심적인 요소다. 인생의 초반부, 즉 만 12세를 전후한 어린 시기에 감정의 뇌가 먼저 자라는 것은 전혀 신기한 일이 아니다. 감정이 이성을 코치하므로, 감정과 정서와 느낌이 생각과 행동의 방향을 정해주므로 감정의 뇌가 먼저 발달해야만 한다. 아이의 뇌에서는 지금 감정의 뇌가 자라고 있다. 다른 존재들과의 긍정적인 상호작용은 감정의 뇌가 건강하게 잘 자라기 위한 필수 요소다. 이 분명한 사실을 외면하면 감정의 뇌에는 치명적인 구조적 손상이 생길 수도 있으며 이 결함은 평생을 두고 지속될 수 있다.

chapter 30

사람의 뇌는
하늘보다 넓다

뇌과학자들의 책을 읽다 보면 18세기 낭만주의 시인의 상상력을 엿보는 것과 같은 느낌을 주는 굉장한 언어들을 발견하고 놀라는 경우가 종종 있다. '매일 밤 세상에는 70억 개의 달이 뜬다', '뇌는 하늘보다 넓다(제럴드 에델만의 책 제목이기도 하다)'. 그중에서 내가 가장 좋아하는 말은 '응시, 뇌를 조각하다'라는 말이다. 뇌과학에서는 눈 맞춤(eye-contacting) 또는 바라보기(gazing)의 중요성을 강조하지만 나는 내 해석을 덧붙여 '한 발 물러서서 지긋이 바라보기'라고 풀어서 쓴다. 그러므로 이 책에서 말하는 응시, 눈 맞춤은 모두 eye-contacting, gazing을 번역한 말이다.

응시, 눈 맞춤이 뇌과학의 주제로 등장한 것은 그리 오래된 일이 아니다. 정신의학 분야에서는 눈 맞춤을 진단의 중요한 기준으로 여긴다. 아이가 소아정신과 등을 찾았을 때 의사들이 가장 먼저 보는 것이 아이의 눈 맞춤이다. 오랜 임상 연구를 통해 발달 장애, 정서장애를 겪는 아이들, 특히 자폐아들은 눈 맞춤이 부자연스럽거나 아예 불가능하다는 사실이 드러났다. 최근에는 신생아의 시각회로 형성에 문제가 생겨 눈 맞춤이 힘들어질 경우 자폐 등의 증상을 가속화시킨다는 새로운 주장이 제기되기도 했다.[11]

우리에게는 마음이 있다

1990년대 초반 배런 코언(Baron Cohen) 박사 등이 제기한 신생아의 인지 발달 과정은 마음이론(theory of mind) 등으로 보다 분명하게 규명되면서 아이에 대한 새로운 관점을 발전시켰다. 코언 박사에 따르면 인간의 아기가 세상에 태어나 제일 먼저 익히는 기술, 즉 휴먼 스킬(Human Skill, 인간의 방식)은 다른 사람의 표정을 살피는 일이다. 이는 점차 나 아닌 다른 존재에게도 마음이 있다는 사실을 알게 되는 능력으로 발전한다. 이 능력을 마음이론이라고 한다.[12]

마음이론은 영장류 이상의 고등한 생명체에게 나타나는 고유한 현상이다. 인간은 나 아닌 다른 존재에게도 마음이 있다는 사실을 알 뿐만 아니라 자연물에 대해서도 마음을 부여하는 능력을 터득한다. 거창하게 들리지만 사실 마음이론은 우리의 일상생활에서도 종종 발견된다. 인간은 하늘에 누가 산다고 여긴다. 또 바다에도 인격체가 있어서 인간과의 관계를 주재한다고 믿는다. 그런가 하면 선조들은 동네 어귀의 커다란 나무를 보고 거기에 누가 산다고 여겼다. 그래서 그 앞을 지날 때면 옷매무새를 가다듬고 작은 돌 하나를 얹었다. 또 오래전 우리의 많은 어머니들은 심지어 부엌의 부뚜막에도 마음이 있다고 여겼다. 조왕신이 살고 있다고 믿었던 것이다. 그래서 이른 새벽이면 깨끗한 물 한 그릇을 정성스럽게 떠놓고 남편과 아이들을 위해 손을 모았다. 과거에만 그런 것이 아니다. 지금도 사람들은 오랫동안 사용한 자동차, 지갑, 애틋한 사연이 담긴 물건들을 그냥 물건으로만 여기지 않는다. 화분의 꽃과 나무와도 대화를 나누고 살뜰하게 어루만진다.

나 아닌 다른 존재에게도 마음이 있다고 여기는 마음이론이 가장 왕성하게 작동하는 시기는 만 6세 이전이다. 올해 만 여섯 살인 우리 딸만 해도 세상의 거의 모든 대상들과 이야기를 나눈다. 좋아하던 신발이 작아져서 다른 집으로 보낼 때 딸내미는 눈물을 흘리면서 잘 가라고 인사를 한다. 옷이나 그림책도 마찬가지다. 꼬물꼬물 기어가는 달팽이를 보고 '꽃순이'라는 예쁜 이름을 붙이고 사람처럼 여긴다. 비행기를 탔을 때는 창 옆으로 나타나는 구름을 보면서 "왜 구름 위로 올라왔는데 하느님이 안 보여?"라는 질문을 던지기도 했다. 이럴 때마다 경박스럽게도 '우리 아이가 혹시 시인의 자질이 있는 것은 아닐까? 어떻게 저런 생각을 하지? 영재성이 있는 것이 틀림없어!'라며 다소 호들갑을 떨고 싶기도 하지만 사실 정상적인 발달을 보이는 아이들은 모두 이런 능력을 갖고 있다.

인간만이 가진 능력

하지만 인간과 가장 가깝다는 침팬지는 이런 능력이 현저하게 떨어진다. 침팬지는 우리 인간과 유전자의 98.7퍼센트를 공유한다. 1990년대 이후 지속된 게놈 프로젝트(Genome Project)의 결과 인류는 유전자에 대한 많은 정보를 얻게 되었다. 인간의 유전자 가운데 약 3만 개가 알려졌는데 이는 전체 게놈의 1.5퍼센트에 불과하다. 나머지 부분은 아직 해독되지 않고 있다. 인간과 침팬지가 유전자의 98.7퍼센트를 공유한다는 말은, 해독된 1.5퍼센트의 유전자 가운데 98.7퍼센트가 똑같다는 뜻이다. 그럼에도 침팬지는 초보적인 마음이론만 갖고 있을 뿐, 인간처럼 세상의 거의 모든 대상에게 마음을 부여하지는 못한다. 이는 현대의 과학, 특히 뇌과학과 진화학이 인간에 대해 알려준 새로운 사실 중에도 가장 획기적인 결과라고 할 수 있다.[13]

우리 인간에게는 마음이 있다, 그리고 나 아닌 다른 존재에게도 마음이 있다는 사실을 안다, 더 나아가 세계에 존재하는 거의 모든 대상에게, 심지어는 무생물에게조차 마음이 있다고 여긴다. 이것이야말로 인간과 다른 존재를 구별하는 가장 확고한 기준이다. 이게 바로 다른 동물은 흉내 낼 수 없는 인간의 특기다. 그리고 이 특기는 바로 눈 맞춤, 응시에서 시작된다.

ⓒGodfer

뇌과학자들의 책을 읽다 보면 '뇌는 하늘보다 넓다',
'매일 밤 세상에는 70억 개의 달이 뜬다'와 같이
18세기 낭만주의 시인의 상상력을 엿보는 것과 같은 느낌을 주는
굉장한 언어들을 발견하게 된다.

chapter 31

응시,
뇌를 조각하다

어떤 강연회에서 있었던 일이다. "응시가 뇌를 조각합니다"라고 말했더니 30대 초반쯤으로 보이는 어떤 엄마가 되묻는다. "응시……. 그러니까 시험을 자주 보면 아이의 뇌가 조작된다는 건가요?" 나는 응시(凝視)를 말했는데 강의를 듣던 엄마는 응시(應試, 시험에 응하다)로 알아들은 것이다. 생각해보니 응시니 조각이니 하는 단어들은 사실 일상생활에서는 잘 쓰이지 않는다. 잠시 후에 나는 내 해석을 덧붙여서 다시 말했다.

"아이를 지긋이 바라보기만 해도 아이의 뇌가 만들어집니다."

설마 하는 눈치들이 느껴졌다.

눈 맞춤, 응시, 지긋이 바라보기

20여 년 전, 그러니까 1990년대 중반부터 갑자기 우리는 엄청난 양의 책, 교재, 교구, 장난감, 각종 프로그램을 아이들에게 제공하는 것을 좋은 교육이라고 부르게 되었다. 20여 년이 지나는 동안 이런 생각들은 거대한 상식으로 굳어졌다. 많은 부모들이 시간과 비용을 들여 아이에게 무엇을 제공할지를 고민하고 또 고민한다. 정보력의 차이는 물론이고 구매력의 차이도 부모들에게 좌절감을 안겨준다. 게다가 투기꾼으로 전락한 교육시장의 사이비 과학자들이 이런저런 과학 이야기, 특히 뇌와 관련된 정보들을 인용하기 시작하면서 검증되지 않은 가설들이 신화로 자리 잡기도 했다.

이런 일련의 과정에서 가장 기본적인 사실 하나가 간과되었다. 그것은 바로 우리 모두는 휴먼 스킬을 갖춘 '인간'이며 예외 없이 아이들은 인간이 될 준비를 하고 이 세상에 태어난다는 것이다. 아이는 무려 20여 년에 걸친 긴 시간 동안 인간의 방식을 배우고 연습하고 익혀나간다. 그 과정에서 아이의 뇌는 인간의 뇌로 발달한다. 그리고 아이의 뇌에 마음, 언어, 정신, 영혼이라는 인간의 고유한 발명품들이 깃들게 된다.

휴먼 스킬을 배우고 익히고 연습한 결과 오래된 진화의 과정에서 터득한 위대하고 신비로운 인간만의 능력들을 얻게 되는 것이다. 이 능력들은 인간의 유전자라는 씨앗에서 유래하지만 그 자체로만 완성되지 않는다. 인간을 포함한 자연의 수많은 존재들과의 관계 맺음을 통해서 인간의 특성은 비로소 인간의 뇌에 깃들게 되고 우리는 인간이라는 유일무이한 존재로 살아갈 수 있게 된다.

20여 년 전부터 갑자기 엄청난 양으로 등장하기 시작한 교육이라는 이름의 다양한 프로그램들도 하나같이 인간의 발달이라는 주제와 목표를 내세운다. 하지만 첨단과 새로움으로 포장된 현대의 산물들은 인류가 수만, 수십만, 수백만 년 동안 경험을 통해 얻은 정보, 즉 휴먼 스킬에 비해 턱없이 모자란 경우가 많다. 그래서 때로는 '오래된 미래(ancient future)'라는 이름의 반문명, 생태주의의 가르침이 인기를 얻는다. 옛것이 마냥 다 좋다는 것은 아니다. 다만 언제나 최신을 너무나 추구한 나머지 오래된 지혜를 쉽게 무시해서는 안 된다.

생후 42분, 인간이라는 기적의 시작

눈 맞춤, 응시는 사람들 사이에서 이뤄지는 가장 강력한 커뮤니케이션 방식이다.[14] 하나의 인생이 시작되고 생후 1년이라는 짧은 기간 동안 인간의 아기는 가장 먼저 그리고 아주 맹렬한 속도로 눈 맞춤, 응시를 배우고 익힌다.

이제 막 태어난 아기를 품에 안는 순간 인간은 평생 가장 큰 감동을 경험한다. 나는 내 주변의 후배나 동료들에게 이렇게 말하곤 한다.

"살아서 천사를 만나고 싶다면 아이를 낳아라."

물론 남성인 내가 낳는 것이 아니라 여성인 아내가 낳는 것이지만 말이다. 이런저런 경제적 문제와 일하는 여성의 문제 등으로 인해 결혼마저 포기해야 하는 사회에서 아이를 낳는 것은 쉽지 않은 결정이다. 나 역시 이른바 3포 세대의 등장이라는 서글픈 현실을 알고 있다. 그럼에도 아이를 낳아서 품에 안아보라고 말하고 싶다. 눈을 맞추고 콩콩거리는 심장박동을 느껴보고 고사리보다 여린 손과 발을 어루만져보라고 말하고 싶다. 이런저런 모임에서 그런 말을 했다가 "그래, 너는 참 좋겠다!"라는 비아냥을 듣기도 했다.

하지만 인간은 그렇게 나약한 존재가 아니다. 현실이 나를 옭아매기도 하지만 또 새로운 조건이 내게 현실을 바꿀 지혜를 선물하기도 한다. 아기를 품에 안고 콩콩거리는 심장박동을 느끼고 고사리보다 가녀린 손발을 어루만지다 보면 내가 바뀌는 경험을 하게 된다. 신기하게도 아주 확 바뀐다. 그러므로 아기야말로 신이 주신 선물이다.

신의 선물인 아기는 태어나자마자 42분에서 72시간 사이에 다른 사람의 얼굴 표정을 정확하게 흉내 낼 수 있다. 불과 30여 년 전인 1983년 미국 워싱턴대의 앤드루 멜조프(Andrew N. Meltzoff)와 그의 동료인 키스 무어(Keith Moore)에 의해 밝혀진 이 사실은 당시 아동발달 학계를 충격에 빠뜨렸다.

이전까지는 인간의 고유한 특기인 흉내 내기, 즉 모방 행동이 후천적으로 얻어지는 것이라는 생각이 지배적이었다. 얼굴 표정도 결국은 얼굴 근육을 움직이는 것이므로 아기들이 표정을 따라 하고 흉내 내는 행동은 후천적으로 배워서 익히게 된다고 여겼던 것이다. 이런 기존의 생각은 신경학, 즉 뇌과학의 발전과도 관련이 있었다.

그때까지만 해도 아기들이 누군가의 움직임을 시각적으로 알아보는 것과 뇌에서 운동을 담당하는 영역을 통해 나타나는 흉내 내기는 각각 독립적으로 이뤄진다고 여겨졌다. 쉽게 말하면 아기들에게는 보는 것과 움직이는 것이 따로따로 이뤄진다는 것이다. 또 뇌의 시각 영역과 운동 영역은 다르기 때문에 발달이 어느 정도 이뤄져야 아기들이 정확하게 모방 행동을 할 수 있다고 여겨졌다.

멜조프와 무어가 알려준 인간의 아기에 대한 새로운 생각은 더 나아가 우리 인간이라는 종의 고유한 특성을 알려주는 또 하나의 이정표가 되었다. 생후 42분부터 아기들이 다른 사람의 얼굴 표정을 정확하게 흉내 낸다는 사실이 왜 중요할까. 신생아의 흉내 내기 행동이라는 다소 딱딱한 학술 용어로 표현했지만, 사실 이 행동은 아이를 살뜰하게 키워본 부모라면 모두 익숙할 것이다. 혀를 내밀거나 입술을 빠는 등의 움직임이 그 예다.

바라보기, 가장 강력한 인간의 언어

아기가 태어나자마자 엄마와 눈을 마주치고 표정 읽기를 시도한다는 사실은 '인간의 언어란 과연 무엇인가'라는 성찰에 깊은 영감을 불러일으켰다. 많은 경우 그렇듯이 언어에 대한 새로운 성찰은 언어학 이

외의 영역에서 더 강력하게 제시되었다.

아이의 언어 발달을 설명하는 오래된 이론들은 생후 18개월 무렵 언어의 빅뱅 시기, 그리고 36개월 무렵까지 진행되는 언어 발달의 결정적 시기 등에 주목해왔고 이 두 시기를 아이들의 언어 능력을 평가하고 측정하는 기준으로 여겨왔다. 의도하지는 않았겠지만 멜조프와 무어의 연구는 아이의 언어 발달을 주로 단어와 문법의 습득이라는 관점에서 바라보던 기존의 태도에 균열을 가져왔다. 나는 그들의 연구 결과를 '아이는 이미 태어날 때부터 대화를 시작한다'라는 의미로 이해하고 있다. 단어와 문장을 말하지는 못해도 아기들은 이미 눈빛과 표정으로 대화를 시도한다. 부모 등 주 양육자와의 긍정적인 상호작용은 단어와 문장 등 구두 언어(verbal language)뿐만 아니라 눈빛과 표정으로도 대화하는 뇌의 발달을 가져온다. 특히 응시, 눈 맞춤은 가장 강력한 인간의 언어다.

진화학의 설명을 받아들인다면 '인간에게 언어란 무엇인가'라는 성찰에 더 깊은 영감을 얻을 수 있다. 인간의 뇌에 지금과 같은 구두 언어 시스템이 깃들게 된 것은 불과 3만 년을 전후한 시기다. 하지만 인류는 600만 년 전부터 그리고 현생인류의 직계 조상은 대략 250만 년 전후부터 등장하기 시작했다. 이들은 혼자 살지 않고 무리를 이루었다. 다른 집단과는 경쟁했지만 집단 내부에서는 긴밀하게 협력하고 서로 돕고 소통했다. 아직 구두 언어를 습득하기 이전 인류의 조상들은 눈빛과 표정과 손·발짓으로 이야기했다. 이 오래된 인간의 습관은 지금도 남아 있다.

커뮤니케이션 학자들은 인간의 대화에서 말의 영역은 불과 15~20퍼센트에 지나지 않는다고 말한다. 나머지 80퍼센트 이상의 대화는 표정과 태도로 이뤄진다. 굳이 과학의 설명을 인용하지 않더라도 지극한 눈빛이 주는 위로와 깊은 연민과 기쁨과 흥분은 일상을 살아가면서 느끼는 가장 깊은 감동이라는 사실을 우리는 너무도 잘 알고 있다. 사랑하는 사람과의 그윽한 눈 맞춤은 입맞춤에 못지않다. 비록 멀리 떨어져 살아가지만 늘 지긋이 바라봐주시는 부모님의 눈빛은 우리를 살아내게 하는 가장 강력한 힘이다.

안타깝게도 아이를 기르는 가정과 학교에서 이 깊은 눈빛, 응시가 점차 사라지고 있는 것 같다. 부모와 교사는 한 발 물러서서 지긋이 바라보기보다는 주시하고 주목하고 때로는 감시도 서슴지 않게 되었다. 지긋이 바라보면 기다리게 된다. 하지만 주시, 주목, 감시는 시도 때도 없는 개입과 간섭을 가져온다.

chapter 32

뇌는 이야기를 좋아한다

이야기는 마음과 마음을 이어주는 오솔길과 같다. 세상은 마음이라는 나무들이 가득 들어찬 거대한 숲이다. 때때로 마음 아닌 것들이 세상의 주인처럼 보이기도 하지만 아무리 거대한 그 무엇이라도 마음이 깃들지 않으면 한낱 생명 없는 무덤에 불과하다. 마음은 사람에게만 머물지 않는다. 조약돌 하나, 커다란 바위, 어린 풀잎, 눈에는 보이지 않는 미물, 거대한 산, 하늘을 수놓은 별빛들, 수줍은 달빛, 뺨을 스치는 바람, 바람에 일렁이는 잔물결……. 그 모든 것에 마음은 깃들어 있다. 사람의 마음이 있기에 그렇다. 그리고 그 숲에는 아담한 오솔길이 오순도순 이리저리 끝도 없이 이어지고 또 이어진다. 이야기는 사람과 사람, 사람과 자연을 이어주는 오솔길이다. 그러므로 이야기하지 않는다는 것, 이야기할 수 없게 되었다는 것은 생명의 숨결이 멈추었다는 의미다.

이야기라는 오솔길

이야기라는 오솔길은 쭉쭉 뻗은 고속도로와는 다르다. 고속도로는 목적지를 향해 질주하는 직선으로 욕망이 다니는 길이다. 고속도로에서는 곁을 돌아보면 위험해진다. 앞만 주목해야 한다. 하지만 이야기의 오솔길은 꼬불꼬불 느릿느릿 걸어야 한다. 그래야 마음에 닿을 수가 있다. 도중에 만나는 작은 옹달샘, 새로 피어난 들꽃의 하늘거림, 새의 지저귐, 코끝으로 전해지는 이름 모를 향기, 나뭇잎 사이로 찰랑대는 햇살이 마음과 마음을 이어주는 오솔길을 이루고 있다.

고속도로는 앞만 보고 질주해 목적지에 닿고자 하지만 마음의 숲에 난 오솔길은 목적만을 추구하지 않는다. 언제나 나를 이끄는 것은 알 수 없는 원인들이다. 그래서 전혀 목적하지도 않은 엉뚱한 곳에 내가 서 있기도 하고 머물기도 한다. 사람의 마음이란 이어지고 이어지는 관계를 통해 깃드는 것이므로 목적지 따위는 애초에 없었다. 사람은 이야기라는 오솔길을 한없이 지나가는 나그네일 뿐이다.

이야기라고 하면 스토리로서의 문학적 요소 그리고 말로서의 언어적 측면만을 고려하는 경향이 강하다. 특히 아이의 이야기는 그렇다. 이야기에는 늘 솜씨라는 단어가 붙어 다닌다. 그래서 아이의 이야기

솜씨, 말솜씨는 자주 칭송의 대상이 된다. 멀지 않았던 과거, 야만의 시대에는 웅변이라는 형태의 말솜씨가 재능으로 여겨지기도 했다. 스토리, 말, 언어는 이야기가 표현되는 요소일 뿐이다.

1990년대 이후 크게 진전된 인간의 뇌 연구는 이야기가 담고 있는 새로운 측면을 드러내주었다. 앞에서 비유를 들어 소개한 마음과 마음을 이어주는 이야기, 마음과 마음을 닿게 하는 이야기는 뇌 연구의 성과들을 19세기 초 낭만주의의 상상력을 빌려서 나름대로 정리해본 것이다. 뇌 연구로 드러난 마음의 모습을 설명하기 위해 이야기를 오솔길에 비유했는데 오히려 그 비유가 독자들의 마음과 생각을 어지럽히지는 않았을까 걱정되기도 한다. 그런 무모한 비유와 상상을 끌어들일 수 있을 만큼 인간의 이야기에 관한 뇌 연구의 설명은 매력적이다.

친구는 머리에 좋다

몇 년 전 미국 미시간 대학교의 한 연구소에서 흥미로운 연구 결과를 발표했다. 사회심리학 분야의 권위자인 오스카 이바라(Oscar Ybarra) 교수가 이끄는 연구팀은 사회적 상호작용, 즉 친구들과의 관계나 새로운 사람과의 관계 형성이 개인에게 어떤 정신적 이익을 가져오는지를 분석했다. 연구팀은 사회적 접촉, 즉 사람들과의 만남과 관계 형성이 정신 작용의 중요한 요소인 뇌의 실행 기능(executive function)에 미치는 강력한 영향력에 대해 조사했던 것이다.[15]

뇌의 실행 기능이란 인지 작용 중에서 작업 기억(working memory), 자기 점검(self-monitoring), 내적이거나 외적인 주의 산만을 억제하는 능력 등을 포함한다. 이런 뇌의 실행 기능은 일상적으로 필요한 문제 해결 능력의 가장 핵심적인 요소들이다. 딱딱한 개념들이 등장해서 어렵게 느껴지지만 실행 기능이란 실제 우리가 살아가면서 겪게 되는 거의 모든 문제들을 해결하는 능력을 일컫는다. 이를테면 복잡한 도로에서 교통사고가 났을 때 어떻게 대처해야 하는지, 새로운 사람을 만났을 때 어떻게 인사하고 이야기를 건네고 관계를 시작해야 하는지, 친하게 지내던 동료와 갈등이 벌어졌을 때 어떻게 해결해야 하는지 등과 관련된 것이다. 소셜 스킬(social skill)이라고 불리기도 한다.

이미 앞선 연구에서 이바라 교수팀은 사회적 상호작용이 뇌의 실행 기능을 단기적으로 북돋아준다는 사실을 발견했다. 연구팀은 192명의 대학생들을 대상으로 과연 사회적 상호작용의 어떤 측면이 뇌의 실행 기능을 향상시키는지 규명하고자 했다. 연구팀은 실험에 참가한 학생들에게 친구와 인사하고 잡담을 나누거나 몰랐던 동료와 인사하고 관계를 맺는 등의 소셜 스킬과 관련된 과제를 제시했다.

사회적 상호작용이 중요한 뇌의 기능을 향상시키는 원인은 뜻밖에도 매우 단순한 한두 가지 행동과 관련이 있었다. 불과 10분 동안 실험에 참가한 다른 동료와 대화를 나누거나 몰랐던 사람과 새로 인사를 나누라고 지시를 받은 그룹은 일반적인 인지적 과제를 수행하는 데 도움을 받았다. 즉 친구와 대화를 나누거나 새로운 사람과 좋은 관계를 맺게 되면 그것만으로도 인지 기능이 향상되는 것이다. 반면에 실험에 참가한 동료들과 극도로 경쟁적인 논쟁을 벌인 참가자들은 인지적 과제 수행에 아무런 향상도 보이지 않았다.

연구팀은 이 간단한 연구를 통해서 어떤 종류의 사회적 상호작용, 즉 친절한 대화를 나누거나 새로운 사람과 관계를 형성하는 것이 다른 사람의 마음을 읽게 하고 어떤 대상에 대해 관점을 갖게 하는 능력에 도움을 준다는 사실을 발견했다. 흥미로운 점은 실험 참가자들에게 의도적으로 경쟁적인 관계를 설정했던 경우에도 다른 사람의 관점을 받아들이거나 혹은 다른 사람의 입장에 서보도록 주문했더니 뇌의 실행 기능이 향상되었다는 것이다.[16]

일상생활에 꼭 필요한 문제 해결 능력은 뇌의 실행 기능, 즉 작업 기억, 자기 점검, 억제 능력 등에 영향을 받는다는 사실을 이 연구가 밝혀냈다고 할 수 있다. 흔히 생각하는 것처럼 주어진 일을 처리하는 속도나 지식 등은 뇌의 실행 기능에 별로 영향을 주지 않는다. 사회적 상호작용이 일상의 문제 해결 능력에 더 핵심적인 요소다.

사실 이 연구 결과는 매우 단순한 한 가지 사실을 분명하게 알려준다. 나는 이 연구 결과를 이렇게 해석한다. '친구는 머리에 좋다!' 친구와 함께 혹은 새로 알게 된 누군가와 함께 다정하게 이야기를 나눌 때 나 아닌 다른 존재의 마음을 헤아리게 되고 결국 연구팀이 밝혀낸 것처럼 일상의 문제 해결 능력에 가장 핵심적인 뇌 기능도 그만큼 향상된다. 인간의 뇌는 친구를 좋아한다. 나 아닌 다른 존재의 마음에 들어가 헤아려보는 것에 관심이 아주 많다. 이는 다른 존재에게서는 좀체 찾아볼 수 없는 인간만의 특기라고 할 수 있다.

말이 늦다고 늦되는 것은 아니다

"우리 아이가 말이 늦어요. 발음도 어눌하고요. 다섯 살이 됐는데 아직도 혀 짧은 소리를 해요. 언어 클리닉에도 다녀봤지만 좀 나아지는가 싶더니 다시 주춤거려요. 혹시 지능 발달에 문제가 생긴 건 아닐까요?"

강연회에서 가장 많이 받는 질문 중에 하나다. 질문을 한 엄마는 주변에서 말을 잘하는 다른 아이들을 볼 때마다 '내 아이에게 뭔가 문제가 생긴 건 아닌가' 속이 상해서 눈물을 흘릴 때가 한두 번이 아니었다고 말했다. 실제로 어떤 아이들은 만 세 살 무렵부터 부모와 토론을 벌일 정도로 또박또박 말을 잘해서 주변 사람들을 놀라게 하기도 한다. 여러 데이터나 연구 결과 등을 통해 확인되는 것처럼 언어 발달에 문제를 보이는 아이들이 점점 많아지는 추세이고 동네마다 크고 작은 사설 언어 클리닉, 상담 센터 등도 증가하고 있다. 만약 아이에게 장애가 있다면 당연히 별도의 프로그램에 따라 도움을 받아야 한다. 하지만 그렇지 않은 경우 아이가 말이 늦다는 이유만으로 곧바로 지능 발달과 연결시키는 것은 과도한 걱정이다. 아이의 말, 이야기는 뇌의 언어중추의 발달, 발음 등 기능상의 문제에 국한되지 않기 때문이다.

오랫동안 과학자들은 언어의 본질에 대해 고민해왔다. 그리고 최근의 뇌과학은 언어를 뇌의 특정 영역의 작용이라기보다는 앞에서 소개한 마음이론, 거울 뉴런 시스템 등의 복합적인 작용으로 설명하는 경향이 더 강하다. 나 아닌 다른 존재에 대한 관심, 바라보기, 다가가기, 들여다보기, 헤아려보기 등이 말과 이야기의 토대를 이룬다.

강연회에서 아이의 말이 늦다면서 아이의 지능 발달을 걱정하던 젊은 엄마에게 나는 27장에서 언급한 뎁 로이 교수의 아들 이야기를 들려주었다. 그리고 아이가 하루하루를 누구와 어떤 관계를 맺으면서 살고 있는지, 친구는 물론 주변의 꽃과 나무와 강아지와 땅과 하늘과 바람과 어떤 관계를 맺고 있는지를 먼저 살펴보라고 조언했다. 지금 마음속에 깃든 언어의 풍경을 아이들은 눈빛으로 표정으로 그리고 말로 이야기하고 있다.

©Alexander Gitlits

아기가 세상에 태어나 제일 먼저 익히는 기술,
즉 휴먼 스킬은 다른 사람의 표정을 살피는 일이다.
이는 점차 나 아닌 다른 존재에게도 마음이 있다는 사실을 알게 되는 능력으로
발전하며 이 능력을 마음이론이라고 한다.

chapter 33

나아닌
다른 존재의 마음

뇌 연구의 진전과 함께 다른 종과 확연하게 구별되는 인간만의 특징이 재발견되고 있다. 이를 휴먼 스킬이라고 부른다. 이야기, 즉 나 아닌 다른 존재의 마음을 '들여다보기', '헤아려보기', '들어가 보기'는 휴먼 스킬 중에서도 가장 두드러진 인간만의 특징이다. 인류는 아주 오래 전 사회를 이루기 시작하면서부터 이런 독특한 재주를 본격적으로 터득해왔고, 그 결과 인간의 뇌는 더욱 고유한 인간만의 뇌로 바뀌어왔다.

앞에서부터 줄곧 이야기는 언어의 측면을 뛰어넘어 나 아닌 다른 존재의 마음과 관계를 맺는 것이라고 주장한 이유도 거기에 있다. 인간이 언어, 즉 구두 언어를 갖게 된 것은 대략 3만 년 전후로 추정된다.

특히 말과 관련된 유전자로 알려진 FOXP2 유전자의 발견은 침팬지와 인간이 언어중추에 해당하는 좌뇌의 특정 영역을 공유하면서도 왜 침팬지는 복잡한 말을 하지 못하고 오직 인간만이 다양한 단어와 문장과 문법을 구사하는 복잡한 언어체계를 갖게 되었는지를 규명하는 데 한 걸음 더 다가서게 했다. 과학자들은 흥분했지만 그게 다가 아니다.[17]

이야기, 다른 존재와 관계 맺기

아무리 길게 잡아도 언어가 등장한 것은 3만 년 전이다. 그렇다면 대략 250만 년 전부터 등장한 우리 인류의 조상들은 무엇으로 이야기를 주고받았을까. 손짓과 발짓 등의 몸짓 언어(gestural language)는 후대에 등장한 것으로 알려져 있다. 가장 오래되고 강력한 이야기의 수단은 앞서 언급한 응시(eye contact)였다. 이미 수백만 년 전부터 인류의 조상들은 다양한 방식으로 이야기, 즉 나 아닌 다른 존재의 마음을 들여다보기 시작했다.

인간은 '나'에게 마음이 있다는 사실을 안다. 그리고 나 아닌 다른 존재에게도 마음이 있다는 사실을 아주 잘 안다. 더 나아가 나 아닌 다른 존재에게 마음을 부여한다. 싫든 좋든 인간이 다른 무엇이 아니고 인간이 된 이유는 나 아닌 다른 존재의 마음과 맺은 관계 때문이었다. 인간은 인간의 방식으로 나 아닌 다른 존재와 관계를 맺어왔고 그것이 곧 인간만의 이야기가 되었다. 그래서 우리 인간은 그 대상이 누구든지 이야기할 수 있다. 동물은 물론 식물, 커다란 바위, 바다, 달, 별……. 우리가 이야기 나누지 못하는 대상은 거의 없다. 때로는 구두 언어로, 때로는 표정으로, 또 때로는 말없는 눈빛으로, 그리고 어떨 때는 침묵으로 누군가와 이야기한다. 그 모든 것이 인간의 이야기다.

뇌 안에 초고성능 거울이 있다

테레사 효과(Theresa Effect)라는 신기한 현상이 있다. 1990년대 말 하버드대 의과대학에서 한 가지 흥미로운 실험을 진행했다. 사람의 침에는 면역항체인 면역글로불린 A(immunoglobulin A, lgA)가 들어 있는데 긴장 상태가 계속되고 침이 마르면 이 항체가 줄어들어 면역력이 떨어진다. 연구팀은 실험에 참가한 학생들의 lgA 수치를 미리 측정했다. 그리고 테레사 수녀의 일대기를 그린 영화를 보여줬다. 테레사 수녀는 평생 인도의 불가촉천민들을 도우며 성녀로 추앙받았던 인물이다. 그 결과 놀랍게도 실험에 참가한 학생들 전원에게서 lgA 수치가 높게 나타났다.

연구팀은 이 신기한 현상에 테레사 수녀의 이름을 붙여 테레사 효과라고 불렀다.[18] 테레사 효과는 누군가 이타적 행위를 하는 모습을 옆에서 지켜보기만 해도 내 몸의 면역력이 증강되는 현상을 말한다. 1990년대 말 하버드대 연구팀은 그 원인을 규명하지는 않았다. 그런데 테레사 효과의 원인을 설명해줄 만한 또 하나의 신기한 현상이 뇌 연구자들에 의해 발견되었다. 이번에는 이탈리아 연구팀이었다. 신경생리학자 리촐라티(Giacomo Rizzolatti) 교수는 원숭이의 행동을 연구했다. 실제로 땅콩 등 음식을 집을 때 원숭이의 전두엽에서 일어나는 반응과 누군가 다른 사람이 음식을 집을 때 원숭이의 뇌에서 일어나는 반응을 관찰했던 것이다. 그 결과 놀랍게도 바라보고만 있어도 실제 음식을 집을 때 활성화되는 영역이 똑같이 반응한다는 사실이 드러났다. 리촐라티 교수팀은 이 영역을 거울 신경세포(Mirror Neuron)라고 명명했다.[19]

인간은 독특한 마음이론의 소유자가 된 것처럼 원숭이보다 훨씬 발달한 거울 신경을 갖게 되었다. 그래서 자신이 직접 행동하지 않거나 자신의 일이 아닌 경우에도 마치 자기 일인 것처럼 느끼고 공감할 수 있다. 이런 경우 뇌는 실제로 자신이 겪는 것처럼 받아들인다. 최근에는 거울 신경에서 더 나아가 거울 뉴런 시스템(Mirror Neuron Systems)이라고 부른다. 공감할 때 관여하는 다양한 뇌 영역들이 속속 발견되었기 때문이다.[20]

인간은 나 아닌 다른 존재의 마음에 닿기를 너무나 좋아하는 존재다. 그 오랜 삶의 방식은 뇌에 새겨져서 그대로 인간의 뇌가 되었다. 아이들은 지금 독특하고 위대한 인간의 마음을 배우고 익히고 연습하고 터득하고 있다. 아이들이 터득하는 인간의 방식은 아이들 뇌의 기본 구조를 이룬다. 아이들은 이 기본 구조를 바탕으로 생각하고 공부하며 자신의 생애를 살아갈 준비를 한다. 인간의 뇌는 원인이 아니다.

고유하고 유일무이한 인간의 방식이 벽돌처럼 차곡차곡 쌓여 세워진 토대인 것이다.

후기

아이들에게 가장 중요한 것

사실 이 책의 제목인 《조급한 부모가 아이 뇌를 망친다》는 부모를 질책하기 위한 것이 아니라는 점을 분명하게 말씀드리고 싶다. 자기 자식을 건강하고 똑똑하고 반듯하게 키우고 싶어서 동분서주 정보를 구하고 그 과정에서 다소 욕심을 부리기도 하는 부모들에게 무슨 잘못이 있을까. 동서고금을 막론하고 이 간절한 바람을 외면한 부모가 과연 얼마나 될까. 보통의 학부모들이 아이들의 뇌 발달과 관련된 정보들을 스스로 판단하고 평가해서 취사선택하기란 불가능에 가깝다. 다만 어느덧 눈덩이처럼 커져버린 탐욕과 무책임한 일부 미디어와 불안을 먹고 자라는 교육시장이 이 나라 수많은 부모와 아이들의 인간다운 삶을 왜곡하고 있다는 사실을 함께 직시했으면 하는 바람이다.

2009년 나는 KBS 특집 2부작 다큐멘터리 〈읽기혁명〉을 제작했다.

'아이들에게 책 읽기란 무엇일까. 아이들에게 책이란 무엇일까'라는 궁금증을 뇌과학의 성과를 통해 탐구하는, 나름 거창한 프로젝트였다. 기획에 1년, 제작에 6개월 정도가 걸렸다. 돈도 많이 들었다. 이 프로그램이 방송되고 뒤이어 《뇌가 좋은 아이》가 출간되면서 전혀 예상치도 못하게 내 삶이 바뀌었다. 사실 〈읽기혁명〉은 당시 두 살이던 딸내미를 '어떻게 해야 잘 키울 수 있을까'라는 내 개인적인 궁금증을 프로그램으로 연결시킨 것이었다. 그래서였는지 취재 과정에서 접하는 모든 것이 남의 일 같지 않았다. 전문가들의 귀한 인터뷰도 모두 나를 향한 조언처럼 들렸다. 그중 일본의 어린이 책 전문가인 마쓰이 다다시 선생님이 들려준 말씀은 지금도 귓가에 생생할 뿐만 아니라 내 아이를 키우는 큰 지침이 되어주었다.

일본 그림책 분야에서 가장 권위 있는 '후쿠인칸 쇼텐(福音館書店, 50년 이상의 역사를 자랑하는 그림책 전문 출판사)'의 설립자이자 동화 작가인 마쓰이 다다시 회장은 2009년 취재 당시 78세였다. 공식적인 인터뷰를 마치고 나는 그분께 어떻게 그림책 만들기를 평생 직업으로 갖게 되었는지를 물었다. 마쓰이 선생님은 잠시 생각에 잠기더니 어머니의 이야기를 조곤조곤 들려주었다.

"어머니는 학교 문턱에도 가보지 못한 분이었어요. 어머니는 제게 늘 이야기를 들려주셨지요. 중학생이 돼서 덩치가 커다랗게 자랐는데도 매일 저를 품에 안고 이야기를 들려주셨어요. 어떤 날은 시장에서 두부를 싸게 사서 기쁘다는 이야기, 어떤 날은 아버지와 다투고 속상하다는 이야기, 또 어떤 날은 책에서 읽었던 감명 깊은 구절들……."

이야기를 들려주던 마쓰이 선생님이 잠깐 말을 멈췄다. 팔순을 바라보는 노인의 눈가가 촉촉해졌다.

"지금도 제 등에 콩콩거리던 어머니의 심장박동이 생생하게 느껴집니다. 어머니는 이미 수십 년 전에 세상을 떠나셨지요. 하지만 60년도 더 지난 까까머리 중학생 시절 어머니의 품에서 풍겨오던 엄마 냄새와 목소리의 울림. 아, 오늘은 어머니가 기분이 좋으셨구나, 아, 오늘은 어머니가 우울하시구나. 마치 곁에 계신 것처럼 그 마음까지 지금도 생생합니다."

마쓰이 선생은 중요한 것은 책이 아니라 사랑이라고 강조했다. 아이를 품에 안고 엄마의 마음을 전해 주는 것, 이야기하는 것 말이다. 그리고 책은 이야기하기 위한 도구에 지나지 않았다는 말을 덧붙였다.

주석

PART 1

1. 남민, 〈과잉언어증, 광범위성 발달장애(자폐증)의 아분류의 가능성〉, 발달장애(자폐증) 사회통합을 위한 세미나, 한국자폐학회, 2000. 6. 24.
2. Elena Grigorenko, "Annotation:Hyperlexia:disability or superability?", Journal of Child Psychology and Psychiatry 44:8, 2003.
3. 위의 논문.
4. 남민, 앞의 논문
5. 한국건강증진재단, 한신대학교 산학협력단, '한국 영유아 정신건강 증진을 위한 실태조사 및 서비스 요구도 연구', 2012.
6. 이기숙 외, '창의적이고 전인적인 인적자원 양성을 위한 유아교육의 혁신', 〈유아교육정책과제〉, 교육인적자원부, 2001.
7. OECD, Understanding the Brain:The Birth of a Learning Science, 2007.
8. Willis, Sherry, "Long-term Effects of Cognitive Training on Everyday Functional Outcomes in Older Adults", Journal of the American Medical Association 296, No. 23, 2006.
9. Paul D. Maclean, The Triune Brain in Evolution, Plenum Press, 1990.
10. 마이클 가자니가 지음, 박인균 옮김, 《왜 인간인가?》, 추수밭, 2009.
11. Ahmad R. Hariri, "Modulating emotional responses: effects of a neocortical network on the limbic system", Neuroreport:January 17, Vol. 11, 2000.
12. 국가건강정보포털, http://health.mw.go.kr/HealthPromotionArea/HealthInfo/View.do?idx=2440&subIdx=3&searchCate=&searchType=&searchKey=&pageNo=80 뇌의 구조와 기능 참조.
13. M. C. Craig, "Altered connections on the road to psychopathy", Molecular Psychiatry 14, 2009.

14 한국건강증진재단, 한신대학교 산학협력단, 앞의 논문.
15 보건복지부는 2012년 광명시 영·유아 정신건강 실태조사에 이어 2013년에는 서울 마포구에서 '영·유아 지역정신건강증진사업 모델 개발' 연구를 실시했으며, 국회 보건복지위 신의진 의원(새누리당)은 2014년 2월 27일, 국회에서 '정신건강 실태에 따른 지역정신건강지원방향 정책 토론회'를 개최하기도 했다.
16 박창섭, '함께하는 교육―과열 바람 부는 영·유아 조기교육', 〈한겨레신문〉, 2006. 3. 27.
17 이기숙 외, 앞의 논문.
18 이승민, '국내 최초 동시통역사 최정화 교수가 일러주는 교육법', 〈여성동아〉, 2005. 12.
19 스티븐 핑커 지음, 김한영·문미선·신효식 옮김, 《언어본능》, 동녘사이언스, 2004.
20 John E. Richards, "Attention affects the recognition of briefly presented visual stimuli in infants:an ERP study", Developmental Science, Vol. 6, Issue 3, 2003.
21 "Brain training games like Nintendo DS 'don't stave off dementia or alzheimer's", http://www.dailymail.co.uk/news/article-1156103/Brain-training-games-like-Nintendo-DS-dont-stave-dementia-alzheimers.html 기사 참조.
22 서문희 외, '[2012 기본과제] 영유아 보육·교육 비용 추정 및 대응방안 연구', 육아정책연구소, 2012.
23 황혜신, '조기 영어 교육이 유아의 이중 언어 발달에 미치는 영향', 〈한국생활과학회지〉 13(4), 2004.
24 양정호, '한국의 사교육비 격차 추세에 관한 연구:한국노동패널조사의 다극화 지수와 지니계수를 이용한 분석', 〈교육재정경제연구〉 15(2), 2006.
25 마샬 맥루언 지음, 김성기·이한우 옮김, 《미디어의 이해》, 민음사, 2002.
26 Daphne Bavelier, "Brains on video games", Neuroscience Vol. 12, 2011. 12.

27 "Supplementary and Continuing Education Law", Ministry of Education Republic of China(Taiwan), 2013.
28 Dimitri Christakis, MD, "Call for Papers for 2014 Theme Issue of JAMA Pediatrics", http://archpedi.jamanetwork.com/article.aspx?articleid=1682337 공고문.
29 Daphne Bavelier, 앞의 글.
30 Talking Germany:Manfred Spitzer, Neuroscientist, http://www.youtube.com/watch?v=4Ueg55KUQa0, 인터뷰 참조.
31 김영철, '대학 진학 격차의 확대와 기회형평성 제고방안', 〈KDI focus〉, 2012.
32 신진우, '[한국사회 파워엘리트 출신 대학 분석] SKY, 20개 분야 중 10개서 1~3위 싹쓸이… CEO 해외파가 8%', 〈동아일보〉, 2012. 9. 15.
33 대한소아청소년정신의학회 홈페이지, 병원검색 참조.
34 이영민, '자살률 안 높은 대구·경북이 오해받는 이유는', 〈조선일보〉, 2013. 3. 23.
35 한국보건의료연구원, '청소년 사망 원인 1위 자살, 각계 전문가가 바라보는 해결책은?', 2012. 9.
36 위의 논문.
37 한국청소년정책연구원, '2012 한국 아동·청소년 정신건강 실태조사', 2012. 12.
38 최원기, '청소년 자살의 사회구조적 원인 연구', 〈사회복지정책〉, Vol. 18, 2004. 4.
39 관계부처합동, '학교폭력근절 종합대책', 2012. 2. 6.
40 스탠퍼드 감옥 실험은 영화 〈엑스페리먼트〉로도 제작됐다. 다음 홈페이지를 방문하면 관련 서적, 논문, 언론 인터뷰 등을 확인할 수 있다. http://www.prisonexp.org/links.htm#materials

PART 2
1 OECD, 같은 보고서.
2 OECD, 같은 보고서.

3 Usah Goswami, "Neuroscience and education:from resesrch to practice?", Nature Reviews Neuroscience 7, 2006.

4 J. T. Bruer, The Myth of the First Three Years:A New Understanding of Early Brain Development and Lifelong Learning, Free Press, NY, 1999.

5 이경상 외, '빈곤이 청소년 성장에 미치는 영향', 한국청소년정책연구원, 2008.

6 김미숙, 배화옥, '빈곤아동을 위한 미국 Head Start와 영국 Sure Start 고찰', 한국보건사회연구원, 〈국제사회보장동향〉, 2006년 겨울호.

7 Sharon Begley, "Your Child's Brain", Newsweek, Vol. 127, No. 8, 1996.

8 한국교육개발원, '유아교육 선진화 정책의 추진 현황과 과제', 〈현안보고〉 제9권 제20-13호(통권 제181호), 2012.

9 김민주, '[불황 모르는 키즈 산업] 초고가 아동 용품 나 홀로 불티, 유통·의류 업계 식스 포켓 열어라', 〈한경매거진〉, 2013. 5. 6.

10 김남훈 외, '사교육 시장 동향 및 선진 교육업체의 사업 전략 분석', 하나산업정보, 2007. 9.

11 손주리, '교육산업(新,개정판) 출시 임박!!!', IBK투자증권, 2012.

12 박송이, '교육 사막 속 오아시스 찾기', 삼성증권, 2012.

13 김성모, '수돗물·정수기 물·생수 블라인드 테스트 해보니… 맛 차이 구분 못했다', 조선닷컴, 2013. 8. 21.

14 신성욱, '한국의 신문방송에 등장하는 우뇌연구', 카이스트 과학저널리즘대학원 석사학위논문, 2012.

15 신성욱, 같은 논문.

16 이를 '우뇌 관련 보도' vs. '뇌가소성 관련 보도'의 비율로 환산해보면 〈조선일보〉 168 vs. 9(18.7:1), 〈중앙일보〉 129 vs. 2(64.5:1), 〈동아일보〉 97 vs. 3(32.3:1), 〈한겨레신문〉 52 vs. 6(8.6:1), 〈경향신문〉 58 vs. 3(19.3:1)으로 나타났다.

17 Carl Honoré, "Slow parenting part three: let babies learn to think for themselves", The Telegraph, 2008. 3. 26. http://www.telegraph.co.uk/education/3355933/Slow-parenting-part-three-let-babies-learn-to-think-for-themselves.html

18 리즈 엘리엇 지음, 안승철 옮김,《우리 아이 머리에선 무슨 일이 일어나고 있을까》, 궁리, 2004.
19 리즈 엘리엇, 같은 책.
20 J. T. Bruer, 같은 책.
21 마이클 가자니가, 같은 책.
22 승현준 지음, 신상규 옮김,《커넥톰, 뇌의 지도》, 김영사, 2014.
23 마이클 가자니가, 같은 책.
24 제럴드 에델만 지음, 김한영 옮김,《뇌는 하늘보다 넓다》, 해나무, 2006.
25 J. T. Bruer, 같은 책.

PART 3

1 PBS FRONTLINE, "Inside the teenage brain? Interview Jay Giedd", 2002.
2 바바버라 스트로치 지음, 강수정 옮김,《십대들의 뇌에서는 무슨 일이 벌어지고 있나?》, 해나무, 2004.
3 PBS FRONTLINE, 같은 인터뷰.
4 PBS FRONTLINE, 같은 인터뷰.
5 김지경, '자녀연령별 교육 및 보육시설 이용여부와 지출비용의 영향요인', 〈여성연구〉, 2004. 12.
6 교육기술과학부, '3~5세 연령별 누리과정', 〈교육과학기술부 고시 제2012-16호〉, 2012. 7. 10.
7 매리언 울프 지음, 이희수 옮김,《책 읽는 뇌》, 살림, 2009.
8 위의 책.
9 Usah Goswami, 같은 논문.
10 김붕년, '서울시 소아청소년 정신건강 유병률 조사 결과', 〈서울시 아동청소년정신건강 포럼〉, 2008. 5. 21.
11 Center on the Developing Child, "The Science of Neglect: The Persistent Absence of Responsive Care Disrupts the Developing Brain", Working paper 12, National Scientific Council on The Developing Child, Harvard

Univ, 2012.

12　PBS FRONTLINE, 같은 인터뷰.

13　Kenneth R. Ginsburg, "The Importance of Play in Promoting Healthy Child Development and Maintaining Strong Parent—Child Bonds", the American Academy of Pediatrics, PEDIATRICS Vol. 119, No. 1 January 1, 2007.

14　Melinda Wenner, "The Serious Need for Play", Scientific American Mind 20, 2009.

15　Stuart Brown M.D., Christopher Vaughan, Play:How it Shapes the Brain, Opens the Imagination, and Invigorates the Soul, Penguin Group, 2009.

16　Committee on Integrating the Science of Early Childhood Development, Division of Behavioral and Social Sciences and Education, Institute of Medicine, Board on Children, Youth, and Families, From Neurons to Neighborhoods:The Science of Early Childhood Development, National Academy of Science, 2000.

17　우남희, '영유아에 대한 조기 영어 교육의 적절성에 관한 연구', 교육인적자원부 유아정책연구과제보고서, 2002-16.

18　Joy Hirsch, "Distinct cortical areas associated with native and second languages", Nature 388, 1997.

PART 4

1　Patricia K. Kuhl, "Born to Learn:Language, Reading, and the Brain of the Child", Paper Presented at the Early Learning Summit, 2002.

2　엘리슨 고프닉 외 지음, 곽금주 옮김, 《요람 속의 과학자》, 소소, 2006.

3　Savage-Rumbaugh, "Symbol acquisition and use by 'Pan troglodytes', 'Pan paniscus', 'Homo sapiens'", Harvard University Press, 1989.

4　영화 〈블레이드 러너〉(1982)의 원문은 다음과 같다. "I've seen things you people wouldn't believe. Attack ships on fire off the shoulder of Orion. I watched c-beams glitter in the dark near Tanhauser Gate. All those moments will be lost in time like tears in rain. Time to die."

5   Deb Roy, "New Horizons in the Study of Child Language Acquisition. Proceedings of Interspeech", Brighton, 2009.
6   "Deb Roy:The Birth of Word", TED 강연 http://www.ted.com/talks/deb_roy_the_birth_of_a_word.
7   J. W. Santrock, Life-span development, McGraw-Hill, 2007.
8   하워드 가드너 지음, 문용린·유경재 옮김, 《다중지능》, 웅진지식하우스, 2007.
9   안토니오 다마지오 지음, 임지원 옮김, 《스피노자의 뇌》, 사이언스북스, 2007.
10 위의 책.
11 Baron-Cohen, "The role of eye contact in goal detection:Evidence from normal infants and children with autism or mental handicap", Development and Psychopathology, Vol. 4, Issue 03, 1992.
12 Baron-Cohen, Mindblindness:An Essay on Autism and Theory of Mind, MIT Press, 1997.
13 J. Craig Venter, et al. "The Sequence of the Human Genome", Science 16 February, Vol. 291, 2001.
14 Andrew N. Meltzof, "Newborn Infants Imitate Adult Facial Gestures", Child Development, 1983, 54.
15 Oscar Ybarra, "Mental Exercising Through Simple Socializing:Social Interaction Promotes General Cognitive Functioning", Pers Soc Psychol Bull 2008, 34.
16 위의 논문.
17 마이클 가자니가, 같은 책
18 David C. McClelland, "The effect of motivational arousal through films on salivary immunoglobulin A", Psychology & Health, Vol. 2, Issue 1, 1988.
19 마르코 야코보니 지음, 김미선 옮김, 《미러링 피플》, 갤리온, 2009.
20 Giacomo Rizzolatti, Michael A. Arbib, "Language within our grasp", Trends in Neurosciences 21, 1998.

이 책에 사용된 도판은 dreamstime.com과 flickr.com의 이미지입니다.

조급한 부모가 아이 뇌를 망친다
뇌과학이 알려준 아이에 대한 새로운 생각

초판 1쇄 발행 2014년 6월 24일
초판 14쇄 발행 2022년 1월 10일

지은이 | 신성욱
발행인 | 김형보
편집 | 최윤경, 강태영, 이경란, 양다은, 임재희, 곽성우
마케팅 | 이연실, 김사룡, 이하영
디자인 | 송은비
경영지원 | 최윤영

발행처 | 어크로스출판그룹(주)
출판신고 | 2018년 12월 20일 제 2018-000339호
주소 | 서울시 마포구 양화로10길 50 마이빌딩 3층
전화 | 070-5080-4037(편집) 070-8724-5877(영업) 팩스 | 02-6085-7676
e-mail | across@acrossbook.com

ⓒ신성욱 2014

ISBN 978-89-97379-43-9 13590

이 책은 저작권법에 따라 보호를 받는 저작물이므로 무단 전재와 무단 복제를 금지하며,
이 책의 전부 또는 일부를 이용하려면 반드시 저작권자와
어크로스출판그룹(주)의 서면 동의를 받아야 합니다.
이 도서의 국립중앙도서관 출판시도서목록(CIP)은 e-CIP홈페이지(http://www.nl.go.kr/ecip)와
국가자료공동목록시스템(http://www.nl.go.kr/kolisnet)에서 이용하실 수 있습니다.
(CIP제어번호: CIP2014018035)

만든 사람들
기획 · 편집 | 김류미
교정 | 윤정숙
디자인 | 석운디자인